警察体适能训练教程

冯玉梁 主编

（公安机关内部发行）

中国人民公安大学出版社

·北京·

图书在版编目（CIP）数据

警察体适能训练教程/冯玉梁主编. —北京：中国人民公安大学出版社，2021.2

ISBN 978-7-5653-2458-1

Ⅰ.①警… Ⅱ.①冯… Ⅲ.①警察-身体训练-教材 Ⅳ.①D631.15

中国版本图书馆 CIP 数据核字（2021）第 029674 号

警察体适能训练教程

冯玉梁　主编

出版发行：中国人民公安大学出版社
地　　址：北京市西城区木樨地南里
邮政编码：100038
印　　刷：北京市泰锐印刷有限责任公司

版　　次：2021 年 2 月第 1 版
印　　次：2025 年 7 月第 4 次
印　　张：8.5
开　　本：880 毫米×1230 毫米　1/32
字　　数：212 千字

书　　号：ISBN 978-7-5653-2458-1
定　　价：38.00 元（公安机关内部发行）

网　　址：www.cppsup.com.cn　www.porclub.com.cn
电子邮箱：zbs@cppsup.com　zbs@cppsu.edu.cn

营销中心电话：010-83903991
读者服务部电话（门市）：010-83903257
警官读者俱乐部电话（网购、邮购）：010-83901775
公安业务分社电话：010-83905672

警察体适能训练教程

主　　编　冯玉梁

副 主 编　袁沂滨　方奇应　昌远华

编写人员　(按姓氏笔画排序)

王世伟　韦文野　方奇应

冯玉梁　陈　晓　陈耀霖

昌远华　袁沂滨　唐可均

黄旭莲　薛丝雨

前　言

按照《国家学生体质健康标准（2014 年修订）》《公安机关人民警察体育锻炼达标标准》《公安机关人民警察招录体能测评标准》《全国公安民警综合体能练兵手册》的有关要求，遵循运动人体科学和体育训练规律，结合公安民警执法勤务特点，针对公安院校学生以及公安民警体质健康和体能水平现状，本书编写组以体质健康促进和体能水平提升为主线，面向公安院校学生以及公安民警编写了《警察体适能训练教程》一书，为打造“召之即来、来之能战、战之必胜”的公安铁军队伍夯实身体基础，克服连续处警、夜间执勤、应急处突、紧急追捕、长期巡逻、特殊安保等警务工作带来的身体挑战和不利影响，实现从警生涯的良好发展和业余生活质量的提高，并在警察体育教学训练领域作出有益理论探索。

现有警察体能教材较多地强调力量、速度、耐力、灵敏、柔韧等身体素质训练，抑或是结合越障、游泳、攀登等专项素质训练进行讲述，而忽视了身体形态、身体机能等健康体适能因素的重要性。公安民警要求身体形态匀称、身体机能良好、身体素质突出，以从容应对日常工作、执勤执法和实战训练工作。警察体适能训练理念不仅关注身体素质，而且重视运动健康与功能训练，更适合警察专业能力的培养和职业发展的心理建设。基于此，本书借鉴国内外体适能理论共识和成熟的分类体系，在总结前人体适能研究基础、吸收现代体能训练理念、积累警察体能教学实践经验的基础上，根据现代警务流程再造下的警察执法勤务模式特点以及对警务人员身体的特殊要求，从身体成分、心肺适能、肌肉适能、柔韧适能等健康体适能训练，到敏捷度、平衡性、协调性、反应时间、速度、爆发力等一般运动技能体适能训练，再到越障、泅渡等警察专项体适能训练，并结合体适能测试、评估与日常身体管理，全方位、一体化、多角度地进行了内容构思与组织编写，旨在帮助警察学员以及在职民警从理论知识层面学懂弄通，从实际操作层面迅速而有效地提升综合素质能力。

本书的编写人员有：冯玉梁、唐可均（第一章），昌远华、陈耀霖（第二章第一节），方奇应、黄旭莲（第二章第二节），陈晓（第三章），王世伟（第四章），袁沂滨、薛丝雨（第五章），韦文野（附录）。最后，由冯玉梁负责统稿。图片示范人员：冯玉梁、黄旭莲、陈耀霖、韦文野。

本书力求在结构体系上简洁明了和兼容并蓄，在内容上突出理论和实践并重，在编写风格上言简意赅、通俗易懂。在编写过程中，参考、吸收和引用了前人研究的部分成果，在此表示衷心的感谢。

由于编写水平有限，书中难免存在疏漏和不妥之处，真诚希望专家学者和广大师生对本书提出宝贵的意见和建议，以利修正完善。

编　者

2020 年 8 月

目　　录

第一章　警察体适能概述

本章提要：警察体适能是警察为适应日常工作、执勤执法和实战训练等警务活动需要，所应具备的完成各种体力活动的综合能力。警察体适能是随着警察执法和工作特点变化应运而生的一种概念，比较全面地反映出了目前警察职业体能发展的大多数教育理念。本章分为三节，分别从警察体适能的概念与分类、警察体适能训练的功能与意义、警察体适能训练的原则与方法三个方面，系统阐述了警察体适能的内容体系和方法体系，以及与传统警察体能训练的区别与联系。

第一节　警察体适能的概念与分类

一、警察体适能的概念

（一）体适能

1. 体适能概念的由来

“体适能”一词译自英文“physical fitness”或“fitness”，最初来源于美国。1958 年，“美国健康、体育、休闲协会”最早地提出了“体适能”一词，用以反映各种身体活动能力。1980 年，有关学者从适应能力的角度对体适能加以探讨，提出“人体适应能力是指各种外在与内在活动能力的总和，而体适能是其中的一部分，包括个性特征和各种运动能力的表现”。1996 年，美国健康与人类服务部将体适能定义为“人们所具有的或获得的与其完成体力活动能力有关的一组身体要素”，同时进一步将其区分为健康体适能（health - related physical fitness）和运动体适能（performance or skill - related physical fitness，或称为竞技体适能、技能体适能或运动技能体适能）。前者主要由那些与人体健康水平密切相关的体适能要素组成，包括身体成分、心肺适能、肌肉适能、柔韧适能；后者主要由那些与人体运动能力有关的体适能要素组成，包括速度、灵敏度、平衡性、协调性、爆发力、反应时间等。1997 年，美国体适能与竞技运动总统委员会进一步将现代社会普遍存在的代谢障碍与健康问题纳入体适能概念体系，即增加了生理适能（physiological fitness），其包括代谢、形态和骨强度。

关于对体适能的认识，德国称其为“工作能力”，法国称其为“身体适应性”，日本称其为“体力”。尽管理解和文字表述有所不同，但核心要义趋于一致，即人们为适应生活需要具备的完成各种体力活动的能力。而具有良好体适能的人通常能够“以旺盛的精力执行每天的事务而没有过度的疲劳感，以充足的活力去享受闲暇时间的各种休闲活动并能够处理各种突发事件”。

2. 体质、健康与体适能

受多种因素的影响，我国学者曾以“体质”一词来表达与体适能类似的概念，强调其健康性。之后，有学者进一步对体质、健康与体适能的概念进行了剖析梳理，认为三者的关系是紧密相连、不可分割的。体质是身体的质量，是静态的，相当于制造物品的“材料”；健康是一种身体上、心理上、社会上的完好状态；体适能是身体的适应力，是一种能力，犹如物品的“功能”是动态的。体质与健康的关系是“质量”与“状态”的关系，“质量”决定“状态”；体质与体适能的关系是“材料”与“功能”的关系，在一定程度上，“材料”决定了“功能”。健康与体适能的关系就是“状态”与“能力”的关系，“状态”决定“能力”。

对于警察学员而言，既要拥有体质的物质基础，又要维持健康状态，还要具备体适能的基本功能，才能保证在今后的日常工作、警务执法以及实战训练中能够有效应对和持续发展。因此，借鉴国内外体适能理论体系、实践规范和最新研究成果，完善警察体适能理论建设，对于促进我国警察群体的身体健康和职业发展具有重要的战略意义。

（二）警察体适能

1. 警察体适能的概念界定

依据体适能的理论体系和概念划分，按照属加种差的方法，本书将警察体适能的概念界定为：警察体适能是指警察为适应日常工作、执勤执法和实战训练等警务活动需要，所应具备的完成各种体力活动的综合能力。这种能力表现为内在与外在两个方面。内在表现为活动中身体的健康状态与功能特征状况，外在表现为应对一般活动的身体基础素质与完成职业任务的专门能力。

警察体适能的内涵可以概括为警察在工作、执法和训练中身体适应外界环境的能力，警察体适能的外延包括警察健康体适能和警察运动技能体适能。关于生理体适能，一方面，在主流的学术观点中，其内涵尚未定型，前人研究的基础较为薄弱，仍是一个动态发展的概念；另一方面，警察职业群体与普通职业人群在此方面的区别不大，故本书暂不做探讨。

2. 警察体能与警察体适能的区别与联系

公安系统比较有影响的经典专著和教材中，将警察体能确定为人体各器官系统的机能在警体活动中表现出来的能力，包括警察的基本身体素质、基本活动能力和运动能力三个方面。一些研究者对警察体能的概念也作出了界定：从广义上讲，警察体能是指由警察先天所具有的遗传素质以及后天经过训练形成的身体有形能力和无形能力共同构成的一个多层次的、有机的内部稳定且组织自洽的系统；从狭义上讲，警察体能是指警察在日常生活、工作、训练中所表现出的身体活动能力。不难看出，警察体能过多强调身体能力的外在表现，较少关注身体能力的内在功能。而在绝大多数的公安院校警察体能训练课上，也较为侧重身体素质的训练，考评指标的设置均为力量、速度、耐力、灵敏、柔韧等测试内容。

警察职业工作时间较长，生活节奏快，作息无规律，以及面对危险时的强对抗，都会造成警察身体持续的疲劳，健康状况不容乐观，很多警察在自我测评中都表示"感觉疲惫无力"，可以看出职业本身对警察健康和专业素质要求较高。而体适能的分类体系相对比较完整，甚至将代谢障碍与健康问题都纳入到体适能体系中，有一系列健康科学理论和运动促进健康的训练模式，对改善个体健康水平、提高生活工作质量具有重要作用，而且针对运动体适能强调的竞技能力，也正好和警察专业性素质要求相匹配。因此，警察体适能比较全面地概括出了目前警察职业体能发展的大多数教育理念。一是追求运动促健康、运动防疾病。着重加强警察学员的心肺适能、肌肉适能、柔韧适能等训练，改善警察学员的身体健康状态，以较好地适应日后高强度的工作负荷，为警察职业生涯及身体健康保驾护航。二是增强身体素质，提高对抗能力。增加身体素质训练，使警察学员获得较强支配身体的能力，为防卫控制等警务技术训练打下良好的基础。总之，警察体适能理论所追求的应对内外环境变化能力契合了警察工作的特点，对警察队伍战斗力的提高具有积极的影响。

总结来看：相同的是，警察体能与警察体适能都是以警察身体活动为基础，按照体育学、公安学理论和警务执法实践指导训练；不同的是，警察体能侧重于身体活动能力，而警察体适能不仅侧重于身体活动能力，还强调身体适应能力。

二、警察体适能的分类

根据警察体适能概念的外延，结合警察职业特点，本书将警察体适能分为警察基础体适能和警察专项体适能。其中，警察基础体适能包括警察健康体适能、警察一般运动技能体适能；警察专项体适能包括警察越障体适能、警察泅渡体适能。

具体分类如图 1－1 所示。

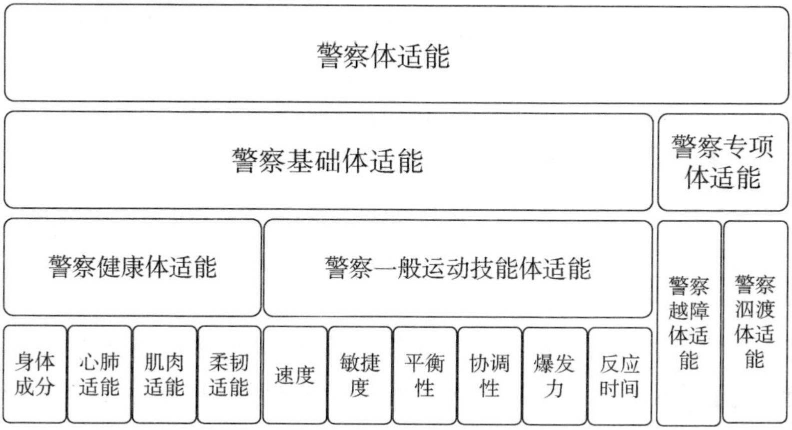

图 1－1　警察体适能的分类

第二节　警察体适能训练的功能与意义

一、警察体适能训练的功能

警察体适能训练的功能，是指警察通过身体运动对身体机能所产生的有利影响。这种影响是以各种运动方式、手段来改变自己的身体状况，并贯穿于警察职业生涯的一切活动之中。警察的生存与发展，一是要有适应自然环境和社会环境的能力，二是要不断地更新和充实业务知识和工作技能，三是要遵守警察职业行为道德规范和纪律。这些都需要通过教育途径来培养和实现。警察体适能训练不是简单的四肢活动，而是“健体强警”的教育手段。这种独特的教育方式多与警察职业相关，主要用于警察体适能训练的开发、应用和拓展，其作用是其他任何教育形式和方法无法替代的。

（一）增进身体健康，促进心理健康

人体的发展包括身体发展和心理发展两个方面。其中，身体发展是心理发展的基础。健全的精神寓于健全的身体。警察体适能训练的对象是警察，警察具有行使执法权的特殊性，警察职业的性质决定了警察在繁杂的警务活动中，需要承受一定的生理负担，克服一些主客观方面的困难。一名合格的警察，既要有良好的身体素质，又要有过硬的警务技能，还要具备自我防卫和制服犯罪嫌疑人的实战技法。可以说，警察体适能的强弱、身体健康的优劣，将对整个警察职业生涯产生重大的影响。经常参加身体运动，可以改善和提高警察的体格（人体形态结构的外表状态）、生理机能（人体各器官系统的功能和机体的新陈代谢水平）、体能和适应能力（对各种环境的适应力、应激力和对疾病的抵抗力）以及心理健康水平等，为整个警察职业生涯奠定健康的身体基础，为履行警察职务提供健康的心理素质，高效服务社会。实践表明，警察体适能训练不仅要存在、延续，还要有所发展，其强身健体之功效是其他教育活动所不能比拟的。

（二）开发训练思维，培养健身意识

警察体适能训练不是单纯的身体运动或四肢活动，而是有意识的身体活动通过客观现实作用于人脑，使人体产生应激反应的活动过程。它涉及很多人体与运动科学的知识，这些人体科学知识的应用源于劳动和运动实践。警察通过体适能训练，可以进一步地了解到人体的基本结构与功能作用，运动的基本规律与活动特点，以及人体运动的基本常识和技能；可以正确地认知到警察体适能训练的意义和作用，萌发对身体运动的兴趣和爱好，提高身体锻炼的自觉性、积极性；可以学习和掌握科学的训练方法，培养集体或自主训练的习惯，为终身警察体育打好基础，使整个警察职业生涯受益。激发警察从事体适能训练的内在动因，包括兴趣、需要和能力等因素，这种自我激发的，以获取知识、取得成就为满足感的身体训练，具有动力强、持续时间久和相对稳定的特征。

（三）维护身体健康，提高实战能力

随着社会的进步和公安科技的发展，警察装备的现代化水平明显提升，但这并没有降低对警察体适能训练的要求，反而对警察的体适能训练提出了新的更高要求。警察追捕、围堵、制服犯罪嫌疑人所需要的身体素质和运动能力等，都需要通过体适能训练来获得。若长期终止或间断体适能训练，不但会出现警察体能储备的下降、透支，而且还会发生“追跑不快、制服乏术”的现象，不仅不能发挥警察的职能作用，有时还会付出鲜血和生命的代价。再者，警察是一支“召之即来、来之能战”的执法队伍，由于工作压力大、生活不规律、运动少等原因，长期处在紧张、疲劳的状态下，导致了身体机能混乱、疾病缠身和体质下降，严重影响了身体健康和心理健康。为此，制定或设置一个目标明确、切实可行的体适能训练计划，督促广大公安民警积极地参与和选择与自身体质相适应的身体运动，养成终身锻炼的习惯，把运动视为警察职业生涯的一部分，刻不容缓。通过系统科学的体适能训练，可以使警察保持健康的机体、充沛的精力和旺盛的斗志，身心俱佳，终身受益。

二、警察体适能训练的意义

警察体适能训练对增进健康、强健体魄，预防疾病与康复治疗，提高体育与文化素养，丰富生活内容与加强人际关系，以及促进人的社会化与个性形成等都具有重要的意义和作用。当前，随着社会的进步、物质生活的丰富与生活方式的改变，客观上为警察的日常工作、生活提供了必要的物质条件，主观上使警察清醒地认识到，生命价值的存在需要健康的身体作支撑。为此，工作之余，越来越多的警察把提高生活的质量和营造健康、幸福、快乐的生活氛围作为一种向往或追求的目标，珍惜生命的价值和享受生命的快乐，比任何时候都要强烈，在健康活动方面所花费的精力、物力、财力比任何时候都要多。警察体适能训练已经以其身体运动的特性与功能，在愉悦警察健康的生活中发挥着多种“调味剂”的作用。

（一）增进健康，满足自我需要

运动是生命的本质，是生命活动的一种形式。体适能训练可以增进人体健康，感知、加强生命的力量，感受自我实现的快乐。德国哲学家叔本华曾经说过：“能够促进愉快心情的不是财富，却是健康……唯有健康才能绽放娱乐的花朵……有了健康，每件事都是令人快乐的，失掉健康就失掉了快乐。”身体运动可以让人体各器官系统处于不停的运动中，各器官系统的运动需要保持相互适应的平衡，这种平衡一旦遭到破坏，人体就会感到不适。例如，内脏器官的活动处于正常状态时，会产生大量能量，这些能量需要释放，否则人就感到难受，精神上也会感到不快。通过身体运动，可以调节和消除这种不平衡，从中获得一种能量释放的快感，感受和体验运动后的轻松与快乐。

（二）缓解压力，疏导精神疾患

运动是人体功能的调节器。通过身体运动，一方面可以改善和提高机体的工作能力，另一方面可以忘却或淡化痛苦或忧愁的情绪，从无奈中解脱出来，使自己感受到运动刺激的快感和精神放松的愉悦。警务日常工作涉及责任、成就、效率等，是每个警察的职责，具有一定的约束性和强制性。而运动则不然，它不涉及责任、成就、效率，也不是必须要做的事情。锻炼者可以根据自己的实际情况选择和确定运动项目、练习内容和练习方法。同时，运动内容的丰富，练习形式的多样性，又为锻炼者提供了一个自主选择的空间。这种自由参与和自主选择的运动形式，可以使每一个锻炼者自由自主地享受运动的快乐，满足心理上的快感。

（三）陶冶情操，丰富生活方式

伏尔泰曾说过："没有真正的需要，便不会有真正的快乐。"现代大众体育的理念是："运动长期以来就不只意味着湿透运动服，在今天，运动是一种生活方式，以满足人们各种不同的愿望和要求。"而长期超负荷的工作强度和无规律的生活节奏，使广大民警的体力严重透支，这就需要生理和心理的调控，通过合理的运动调节身体状态和生活方式。一是运动中的快乐和满足可以唤起人们去追求物质生活上的幸福感和精神生活上的充实感；二是运动中的艰苦，可以挖掘和发挥自我潜能，并从中获取运动的快感和需求。运动既可以显示出人的基本活动能力，也可以发展和提高人的运动技能，还可以把人的发展作为人的本质需要和社会发展需要，以获得精神上的快乐和生活上的满足。由于人在运动中总是和困难、艰辛、挑战、征服等联系在一起，因此，参与体适能训练的警察，不仅要挑战自我，还要与他人挑战；既要征服自己，又要征服对手或环境。无论是竞技运动还是健身活动，都是通过身体活动来实现自我运动价值和能力的一种方式，都具有一定的艰苦性和危险性。但运动后，总会让人回味无穷，感到快乐和充实。

（四）强健体魄，享受美的快感

运动可以使人感受到人体美、自然美、艺术美，从而获得美的享受和快乐的体验。运动可以促进体格健壮、健美，促使精力充沛、生命力旺盛，还可以增强自信心、自尊心、自豪感等，以获取和感受自身美和他人羡慕美的快乐。第一，运动的美——在户外运动，可以享受到自然空间的新鲜空气、充足的阳光、优美的风景，使人们直接地感受到自然界的变化和勃勃生机，并获得一种超脱感、归属感，处在轻松愉快、心旷神怡的激情状态。第二，形体的美——人的身体与动作融合在一起的美，这种美是一种动态的美，是人们对美产生的主观反映、感受、欣赏和评价，其美感主要来自于动作的力度、节奏、协调，均衡地体现在身体的姿势、造型、线条和韵律上。例如，警姿、警容的美，不仅可以使警察获得美的艺术享受，还可以引发联想、丰富情感，激发警察的想象力和创造力，体现的是人体美与精神美的和谐统一，是一种充满运动活力与生命活力的健康美。

第三节　警察体适能训练的原则与方法

一、警察体适能训练的原则

警察体适能训练在公安工作中意义重大，但多年来，由于大量照搬“公安学”和“体育学”的经验，未将两者的特征与警察工作实际较好地结合起来，故以往的警察体能训练缺乏足够的科学性。鉴于此，有必要在警察体适能和职业体适能的理论基础上，结合警察职业特性，由“更高、更快、更强”的竞技目标，转变为“打得赢、追得上、跑得过”的执法目标，进而制定相应的警察体适能训练的原则。

（一）分类指导原则

警察体适能训练的最终目的是为实战服务，对于“打得赢、追得上、跑得过”的执法目标，有三个层次的体现：其一，维系健康的需要；其二，一般执法的需要；其三，武力执法的需要。具体地说，第一层次的健康，就是心理和生理上没有疾病的状态，这一层次的训练应以心肺适能训练为主，包括中长跑、长距离游泳、健步走等训练项目，旨在增强民警的心肺功能，缓解民警生活和工作中出现的焦虑情绪。面对当前公安民警“三高”问题突出、心血管疾病频发的情况，心肺适能的训练显得尤为重要。第二层次的一般执法，是公安民警执勤执法工作的常态，如巡逻、出警、劝导、走访、交通指挥、盘查以及救助等。一般来说，这些工作体能耗费较大，并且持续时间较长，主要以有氧氧化系统和乳酸能系统的供能为主，那么，在训练中，除了系统的有氧训练外，还应当针对乳酸能系统进行一定的训练，如球类、健身器械训练等。第三层次的武力执法，是“打得赢、追得上、跑得过”的真实写照，关乎公安民警自身和群众的安危，如搏斗、抓捕、制敌等。武力执法一般时间极短，供能以磷酸原系统为主、乳酸能系统为辅。因此，在训练中，应当以快速的、爆发式的动作形式为主，如变速跑、追逐跑、快速推举、快速冲拳等瞬间发力、专项发力的练习。

（二）一元训练原则

“一元训练”是近年来体育界中较为流行的一种训练方法。受哲学思想“一元论”的启发，“一元训练”理论认为，“不存在没有体能内容的动作技术，也不存在没有技术形式的体能发放”。因此，一元训练强调大量的专项性训练。反观传统的“二元训练”，则是将体能与技能相互对立，无论什么项目，都采取“先进行大量的身体素质训练，再进行体能和技术相结合训练”的模式。实践中发现，很多学员的体能素质出类拔萃，5000 米、10000 米、力量性项目的素质都很突出，然而到了游泳池中、靶场上、拳击台里，这些良好的身体素质却不能充分地体现出来，技能水平也难以达到较高的层次。究其原因，无外乎是受“二元训练”思想的影响，人为地割裂了体能与技能的关系，不能让体能有效地为专项技能服务。再者，长期的5000米、10000米以及大量长时间的俯卧撑、引体向上的练习，会使肌肉中的红肌（慢肌）增多、白肌（快肌）减少，影响机体的反应速度和爆发力，动作总是慢一拍，在对抗和实战中也就容易处于劣势。因此，我们认为，警察体适能训练应当以“一元训练”理论为指导，进行针对性的、大量的专项练习。比如，蛙泳中的负重（橡皮条）后蹬式练习，射击中的据枪练习和手指预压、击发的模仿练习以及速度射击练习，散打、擒拿、控制解脱中的爆发性练习，战术动作中的核心肌肉群、小肌肉群的协调性练习。当然，我们并不是要全盘否定“二元训练”，毕竟体能训练对于心肺功能以及意志品质的磨炼是有益处的，但是，一定要把握好度，避免造成机体的损伤。

（三）适宜负荷原则

警察体适能训练中的适宜负荷是指对训练负荷的量化控制，即对训练量和训练强度的控制。所谓训练量，是指训练时间、负重、组数等的多少；所谓训练强度，是指单位时间内完成训练的量。训练量和训练强度并不是越大效果就越好。长期以来，受军事体育思想和竞技体育思想的影响，警察体能训练一度奉高强度、大训练量为圭臬，即便是现在，持这种思想的人也不在少数。需要注意的是，公安民警既没有竞技体育的恢复手段和膳食补充，也缺乏军事体育的保护措施，长期大量的、高强度的训练既对身体不利，也对工作没有绝对的益处。那么，在训练中，应当如何进行量化控制，遵循哪些指标呢？其一，定期关注心率、面色、汗液等生理指标。其二，制定合理适度的训练计划，如针对民警的职业特点，确定训练的适应期、增长期、保持期、疲劳期和停滞期，分别采用不同的训练量和训练强度。其三，采取积极的恢复手段，如相互放松、主动拉伸、膳食营养（高蛋白、维生素、矿物质、膳食纤维、水、无机盐）的补充、精神调节等。

（四）强化心理训练原则

从传统意义上讲，心理训练并不属于体能（力量、速度、灵敏、柔韧、耐力）训练的范畴，但心理素质却在很大程度上影响着体能水平的发挥。心理学家莱伯特和莫里斯的焦虑理论认为："人在受到内外刺激的评价时，会产生躯体焦虑和认知焦虑的状态，从而导致情绪紧张、心跳加快、呼吸急促、肠胃和肌肉痉挛等现象的产生，最终对行为产生影响。"这充分表明心理状态会对体能、技能的发挥产生巨大的影响。因此，在体适能训练中，我们要本着"模拟实景、贴近实战"的原则，有意识地进行"增压、增难"性质的训练，如泅渡的深水训练、模拟仿真的反恐演练、防暴演练、鬼屋训练等，避免出现心理重压下的体能水平无法正常发挥的情况。

（五）统筹兼顾与区别对待原则

统筹兼顾就是按照矛盾的普遍性原理，统筹各个警种、各个条线的民警都能达到体适能训练的标准。区别对待是指根据不同警种、不同民警个体的训练状态、训练任务，有区别地组织安排各自的训练过程，选择相应的训练内容，开展有针对性的负荷训练。体适能训练的效应主要通过机体的变化予以体现，而每一名公安民警的心理和生理状况、素质、智力水平各不相同，要想使训练工作取得理想的效果，就必须认真处理好体适能训练过程中组织的集群性与个体的差异性之间的关系，考虑到公安民警的个人特点，区别对待，有针对性地组织体适能训练。目前，我国公安队伍有治安、社区、户籍、交通、巡逻、外事、刑事犯罪侦查、经济犯罪侦查、网络安全监察等多个警种，上海正在探索将民警划分为一线综合执法、后台专业执法两大警种。无论是哪种划分模式，警种不同，承担的主要工作也有所区别，对体能的要求也是不一样的。这就要求我们既要注意警察体适能训练的普遍性，又要重视警种不同、工作性质不同的特殊性，有针对性地进行专门的训练。

二、警察体适能训练的方法

（一）分解训练法

分解训练法是指将完整的技术动作或战术配合过程合理地分成若干个环节或部分，然后按环节或部分分别进行训练的方法。运用分解训练法，可集中精力完成专门的训练任务，加强主要技术动作和战术配合环节的训练，从而获得更好的训练效果。

（二）完整训练法

完整训练法是指从技术动作或战术配合的开始到结束，不分部分和环节，完整地进行练习的训练方法。运用完整训练法，便于受训公安民警完整地掌握技术动作或战术配合，保持技术动作或战术配合的完整性和各个部分之间的内在联系。

（三）重复训练法

重复训练法是指多次重复同一练习，两次（组）练习之间安排相对充分休息的练习方法。通过同一动作或同组动作的多次重复，经过不断强化运动条件反射的过程，有利于受训公安民警掌握和巩固技术动作；通过相对稳定的负荷强度的多次刺激，可使机体尽快产生较高的适应性机制。构成重复训练法的主要因素有：单次（组）练习的负荷量、负荷强度及每两次（组）练习之间的休息时间。休息的方式通常采用静止、肌肉按摩或散步等。

（四）间歇训练法

间歇训练法是指对多次练习时的间歇时间作出严格规定，使机体处于不完全恢复状态下反复进行练习的训练方法。通过严格的间歇训练过程，可使人体的心脏功能得到明显的增强；通过调节运动负荷强度，可使机体各机能产生与有关运动项目相匹配的适应性变化；通过不同类型的间歇训练，可使糖酵解代谢供能能力、磷酸盐与糖酵解混合代谢的供能能力、糖酵解与有氧代谢混合供能能力及有氧代谢供能能力得到有效的发展和提高；通过严格控制间歇时间，有利于受训公安民警在激烈对抗和复杂困难的环境中稳定、巩固技术动作；通过较高负荷心率的刺激，可使机体抗乳酸能力得到提高，以确保受训公安民警在保持较高强度的情况下具有持续运动的能力。

（五）持续训练法

持续训练法是指负荷强度较低、负荷时间较长、无间断地连续进行练习的训练方法。练习时，平均心率应在每分钟最大心率（220次－实际年龄）的60%～80%次之间。持续训练法主要用于发展一般耐力素质，可提高有氧代谢系统供能能力以及该供能状态下有氧运动的强度；可为进一步提高无氧代谢能力及无氧工作强度奠定坚实的基础。

（六）变换训练法

变换训练法是指变换运动负荷、练习内容、练习形式以及练习条件，以提高受训公安民警的积极性、趣味性、适应性及应变能力的训练方法。通过变换运动负荷，可使机体产生与有关运动项目相匹配的适应性变化；通过变换练习内容，可使受训公安民警不同运动素质、运动技术和运动战术得到系统的训练和协调的发展，从而使其具有更接近实战需要的多种运动能力和实际应用的应变能力。

（七）循环训练法

循环训练法是指根据训练的具体任务，将练习手段设置为若干个练习站，受训公安民警按照既定顺序和路线，依次完成每个练习站练习任务的训练方法。运用循环训练法，可以有效地激发受训公安民警的训练情绪，累积负荷“痕迹”，交替刺激不同体位。循环训练法的构成要素有：每个练习站的练习内容、每个练习站的运动负荷、练习站的安排顺序、练习站之间的间歇、每遍循环之间的间歇、练习的站数与循环练习的组数。运用循环训练法，可以有效地提高不同层次和水平的受训公安民警的训练情绪和积极性；可以合理地增大运动训练过程的练习密度；可以随时根据具体情况，因人制宜地加以调整，做到区别对待；可以防止局部负担过重，延缓疲劳的产生，并有利于全面身体训练。在实践中，循环训练法中所说的“站”是练习点，如果一个循环内的站数中，有若干个练习点是以一种无间歇方式衔接，那么这几个练习点的集合可称为练习“段”。因此，考虑循环练习的顺序时，有时应以练习“站”为单位，有时则应以练习“段”为单位。

（八）比赛训练法

比赛训练法是指在近似、模拟或真实、严格的比赛条件下，按照比赛的规则和方式进行训练的方法。比赛训练法是根据人类先天的竞争和表现意识、竞技能力形成过程的基本规律和适应原理、现代竞技运动的比赛规则等因素而提出的一种训练方法。运用比赛训练法，有助于受训公安民警全面并综合地提高实战中所需要的体适能、警务技能、战术素养、心理素质以及警察智能等各种能力。

问题与思考：

1. 警察体适能与传统警察体能的区别与联系。
2. 警察体适能训练对警察执法工作有何功能与意义？
3. 警察体适能训练的原则与方法。

第二章　警察基础体适能训练

本章提要：本章分为两节，第一节主要从身体成分、心肺适能、肌肉适能、柔韧适能四个方面进行讲解，通过理论与实践相结合的方式介绍健康体适能的主要构成要素，如何有针对性地进行干预训练，以及在干预训练过程中需要注意的一些细节问题。第二节主要介绍警察一般运动技能体适能中敏捷性、平衡性、协调性、反应时间、速度和爆发力这六个基本素质的概念、重要性以及提高这些素质的训练方法和手段。

第一节　警察健康体适能训练

一、身体成分

（一）概述

身体成分是反映人体内部结构比例特征的重要指标，也是评价人体营养状况、健康水平、肥胖程度以及体育锻炼效果的一项指标。身体成分的平衡可以通过适当的锻炼、合理的饮食和良好的生活习惯而获得。警察健康体适能的训练首先要关注身体成分的变化，其外在表现为警察身体形态的变化，进而维护警察良好的社会形象，体现警察执法威严。

1. 定义

身体成分是组成人体组织、器官各种化学成分的总和，是指在人体总重量中不同身体成分的构成比例。身体成分能反映人体的体质状况、体型特征和身材大小，而且是准确衡量减肥效果的参考依据。通常以体脂肪为参照，将身体成分划分为体脂重和去脂体重两个基本部分，它们是反映人体内部结构比例特征的重要指标。在目前的测量和研究中，常用到以下两类模型：一是两组分模型，即以脂肪组织为核心将人体分为脂肪和去脂体重两部分，脂肪常用体脂率表示；去脂体重又称瘦体重，包括全身的骨骼、肌肉、内脏器官和神经、血管等。二是多组分模型。该模型中最具影响力的是身体成分的五层次模型，该模型将已知的 40 多种身体成分归纳到五个层次中，即原子层次、分子层次、细胞层次、组织器官层次和整体层次。两组分模型更简单常用，多组分模型主要适用于专业人员的测试。身体成分的检测方法有水下称重法、皮褶厚度测量法、围度测量法、体重指数法、电阻抗法、双能 X 射线吸收法等。

2. 身体成分的构成

身体要维持良好的机能水平和健康状态，形成正确的饮食方式及适量摄取营养是很重要的。人体主要由碳水化合物、脂类、蛋白质、矿物质、维生素、水六种营养素构成。各成分之间的相对平衡对人体正常的生命活动和维持健康水平极为重要。

（1）碳水化合物。碳水化合物是供给人体能量的最主要和最经济的来源，脑组织、心肌和骨骼肌的活动都需要靠碳水化合物提供能量。当人体需要能量时，它们便以葡萄糖的形式来使用，当有剩余的葡萄糖时，便会组合成肝糖原来储存。葡萄糖是最有效率的人体供能燃料，1 克的葡萄糖可提供 4 千卡的热量。肝糖原能在激素的作用下快速分解出葡萄糖供人体使用。纤维也是由多个葡萄糖分子构成，来自植物类的食物，如蔬菜、水果等，由于并不容易在肠胃中分解，所以能量价值很低，但对人体的消化及大肠的蠕动很重要。在每一正餐中，应有55%～60%的热量来自碳水化合物，其中单糖占15%、复合糖占45%。

碳水化合物的功能主要表现在：不断提供能源给身体细胞；保证神经系统的正常生理功能；延缓疲劳的发生；预防低血糖症；纤维可防止便秘及降低血糖、血脂水平。

（2）脂类。由脂肪酸和醇作用生成的酯及其衍生物统称为脂类，这是一类一般不溶于水而溶于脂溶性溶剂的化合物，在水中可相互聚集形成内部疏水的聚集体。脂类是机体内的一类有机小分子物质，它包括的范围很广，其化学结构有很大的差异，生理功能各不相同。在每一正餐中，应有25%～30%的热量来自脂肪，其中饱和脂肪应少于10%，胆固醇应少于300毫克。脂类是重要的能量来源，但需时较长，1克的脂肪可提供9千卡的热量。脂类的生理功能有：促进脂溶性维生素（即维生素A、D、E、K）的吸收；维持体温，保护内脏；增加饱腹感；提高膳食感官性状。

（3）蛋白质。蛋白质是一种复杂的有机化合物，是由一条或多条多肽链组成的生物大分子，每一条多肽链有20至数百个氨基酸残基（-R）不等。遗传密码所编码的20种基本氨基酸中，有9种氨基酸是靠从食物中摄取，这类氨基酸称为“必需氨基酸”；其余的11种氨基酸在缺乏时可由身体自行制造，称为“非必需氨基酸”。多个蛋白质往往是通过结合在一起形成稳定的蛋白质复合物，折叠或螺旋构成一定的空间结构，从而发挥某一特定功能。在每一正餐中，应有15%～20%的热量来自蛋白质。身体对蛋白质的摄取量约为每日每千克体重0.8克，过量摄取是不必要的。蛋白质在以下情况时需求较多：发育时期；怀孕妇女，哺乳期妇女；生理压力较大，如体适能训练时期；患病或严重烧伤。

蛋白质能构成及补复身体组织；运送氧气及其他养分；制造酶；

促进血液凝固；维持正常的酸碱平衡及体液平衡；在特殊情况下，可以作为能源物质，1克的蛋白质可提供4千卡的热量。

（4）矿物质。矿物质是地壳中自然存在的化合物或天然元素。人体内含有最少31种无机物，其中24种以矿物质的形式存在，为维持生命的必需元素。我们只需摄取少量矿物质便足够，在不同的身体代谢过程中，矿物质扮演着协助者的角色。矿物质是无法自身产生、合成的，每天矿物质的摄取量也是基本确定的，虽然随年龄、性别、身体状况、环境、工作状况等因素有所不同，但一般很少有缺乏的情况出现。人体主要从水和食物中摄取所需的矿物质，因身体功能而消耗以致不足的有：镁、钠、钾、铁。矿物质是构成不同激素、酶等物质的元素之一，用以调节细胞内的化学反应；是构成牙齿和骨骼的重要成分；用作电解质来控制及维持体液平衡。从功能的角度来看，矿物质可以维持正常的生理程序（如正常心率、肌肉收缩、神经传导及身体的酸碱平衡）。

（5）维生素。维生素是维持人体生命活动必需的一类有机物质。它不能产生能量，也不能用来构成身体组织。人体所需的维生素是非常少量的，在人体生长、代谢、发育过程中，维生素发挥着重要的作用。维生素分为水溶性和脂溶性两大类。水溶性维生素如维生素B、C不储存于体内，若剩余便排出体外，所以要不断补充。脂溶性维生素如维生素A、D、E、K，若有过量，可储存于肝脏，但过量储存会导致中毒。

维生素在燃料（碳水化合物、蛋白质及脂肪）代谢过程中，扮演着必不可少的连接与调节的角色；每一种生化活动过程中，都有一种以上的维生素在参与。

（6）水。水是多种营养素中最必需的一种。水约占人体组成的70%，新生儿体内所含水量约为80%，男性体内所含水量较女性多，年轻的人较年长者多。在人体各组织中，水分的含量也不同：分布于骨骼和软骨中的水约占骨总量的10%；脂肪当中的水占脂肪总量的20%~35%；肌肉中水的分布高达肌肉总量的70%左右；而血液中的血浆里面，除了6%~8%的血浆蛋白、0.1%左右的葡萄糖和0.9%左右的无机盐以外，其余的成分全是水，占血浆总量的91%~92%。人体需要不断地补充水分，人体内的水来源于摄取的液体、食物及代谢过程，1天应饮水约1500毫升，若有运动，更应加以补充。水通过排尿、排汗、呼气及排便散失。

水可以运送养料、激素和代谢废物；协助循环系统及排泄系统运作；协助调节身体温度；协助营养的消化和吸收；保护身体各细胞组织。

3. 影响因素

（1）饮食。饮食为生命活动提供能量，形成机体生理功能所必需的酶、激素和神经递质等物质。世界卫生组织统计资料表明，发达国家中70%以上的人的死因为癌症和心脑血管病，而癌症和心血管疾病的发生与不合理的饮食结构有密切的关系。随着社会的不断进步和经济的飞速发展，现在中国人缺的不是营养，而是平衡。因此，应吸取西方国家的膳食结构与疾病模式演变的教训，提倡和坚持合理的膳食结构，平衡能量的摄取，以减少相关疾病的发生。

（2）运动。运动是平衡身体能量的最好手段，也是促进健康的必要途径。警察应积极参加集体活动和体育锻炼，根据自身的年龄、性别、运动基础、警种要求等选择适合的运动项目，尤其是游泳、球类运动对于预防肥胖、增进健康是非常有益的。激发运动的热情是进行体育锻炼和形成良好锻炼习惯的基础。

（3）行为习惯。不良的行为习惯，如情绪不佳便暴饮暴食、过于依赖现代化设备而缺乏运动、长时间久坐办公等行为，均会引起不良的身体成分变化。肥胖有一定的遗传性，但是更多的是“遗传”了父母的不良习惯。调查发现，每天看电视时间多于4小时者更易肥胖；吸烟者与不吸烟者相比，其体重指数（BMI）较高，不饱和脂肪酸与饱和脂肪酸的比值较低。饮酒对体脂和体重影响的研究表明，酒精有阻碍脂肪燃烧、抑制雄激素分泌、削弱力量与耐力的不良影响。

（4）教育水平和社会经济地位。教育水平和社会经济地位与期望的理想体型、特有的饮食习惯、生活方式都有关，同时对个体掌握的相关健康知识和占用物质资源均有一定的影响。在发达国家中，受教育水平低、社会经济地位低者，肥胖的发生率较高。

（5）内分泌异常。肥胖者最明显的内分泌异常是存在高胰岛素血症、胰岛素抵抗症。胰岛素抵抗可以造成葡萄糖代谢欠缺和脂质代谢异常，葡萄糖转运进细胞的能力下降，脂蛋白酯酶活性降低，以及低密度脂蛋白和甘油三酯升高，高密度脂蛋白降低。肥胖还与内啡肽（EP）有密切关系。肥胖者血清 β－内啡肽水平明显增高，与体重相关，而且肥胖者体内靶细胞对 β－内啡肽的敏感性增加。

（6）其他。因年长会使瘦体重流失，同时脂肪含量也可能增加，因此，年龄增大较易过度肥胖。这也提示广大民警，随着年龄的增长，要维持身体能量摄入和支出的平衡，在保持健康饮食的同时注意养成体育锻炼的良好习惯。

（二）获得原则

从以往单纯的体重管理到脂肪管理，再到今天的身体成分管理，人们对于健康的要求越来越高。健康应该是身体各个组成成分处在平衡的状态，身体成分失衡引起的过瘦或者肥胖均会对健康产生不良影响。过度肥胖，则较难维持正确的身体姿势，容易令关节损伤，运动能力降低；增加心脏负荷，阻碍血液循环，血管内因过多脂肪逐渐的堆积而使血管变窄、硬化，易导致高血压、血管破裂等疾病。身体的脂肪含量若较少，则不能为做长久耐力性运动提供良好的能源；能够运送脂溶性维生素的脂肪较少，会导致部分维生素的吸收不足，内脏的防震及保护较少；身体太消瘦会令青少年出现记忆力衰退、身体发育迟缓等问题，对于女性来说可能引起月经不调等。

1. 饮食平衡

各种食物的营养成分不尽相同，没有一种食物能提供人体所需的全部营养素，因此，要合理搭配食物种类，均衡各种营养物质的吸收，平衡能量的摄取。饮食中热量的摄取比例应该为蛋白质占10% ~15%，脂肪占25% ~30%，碳水化合物占50% ~60%。一日三餐的能量比例为早餐30%，午餐40%，晚餐30%。食物品种要多样化，荤素搭配、粗细搭配，避免偏食、挑食造成营养失衡，破坏正常的身体代谢。

2. 动静平衡

在现代生活中，人们的身体活动逐渐减少，肥胖情形较之以往更为严重、更为普遍，包括警察群体在内。现如今，越来越多的自动化机器设备取代人工，使人力所提供的能源占全部工作的比重不到0.5%。在现代警务活动中，车巡替代了步巡，交通信号灯替代了交通指挥员，智能化、信息化警务使警察的身体活动减少、弱化。最明智的做法就是要在生活作息中刻意地安排运动的时间，以弥补日常生活中身体活动不足的缺陷，但运动量并非越大越好，超负荷运动会导致过度疲劳、浑身酸痛等不适，甚至引起运动损伤。因此，应当保持适量的运动，使身体处于动静平衡的状态。

3. 睡眠平衡

研究表明，如果睡眠时间太长，会使机体功能呆滞，身体机能下降；如果睡眠时间太少，则会因为精神耗竭而使抵抗力下降，易于患病。每天睡眠时间为7 ~8 小时的人最长寿，劳逸结合才能保持健康。随着生产方式和生活方式的改变，人们的夜生活不断丰富，作息时间发生了改变。而夜间经济的平稳发展和社会治安环境的良好维护也对警察提出了新的更高要求。面对突如其来的违法犯罪案件，警察往往不能像朝九晚五的上班族一样保持规律的睡眠，容易造成睡眠不足、作息无序、身心疲惫。那么，就需要利用“碎片化”的时间，更好地提高睡眠质量，增强身体的恢复力。

4. 心理平衡

临床心理学的研究表明，人类65% ~90% 的疾病都与心理上的压抑感有关。紧张、愤怒、敌意等不良情绪使人易患高血压、冠心病、消化性溃疡、月经不调等。放松心情，保持平常心，不要过于严苛地要求他人，与人为善、知足常乐、及时疏导是保持心理平衡的要诀。

（三）获得与控制

1. 体型与运动

体型在一定程度上与遗传因素有关，同时也与生活方式及运动习惯有关。一般来说，体型可分为以下三类（如图 2－1 所示）：

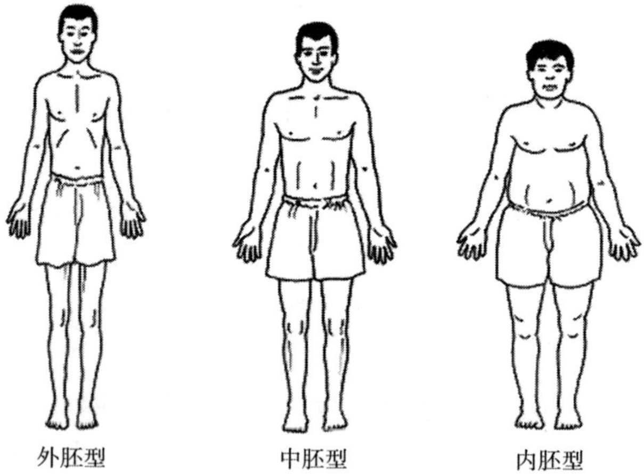

图 2－1

外胚型：高而瘦，脂肪与肌肉都较少。

中胚型：肌肉发达，脂肪较少，类似运动员的体重。

内胚型：身体较肥胖而个子较矮小，容易累积脂肪。

大多数情况下，纯粹属于某一种体型的人很少，多是其中的某一种体型或某两种体型的比重较大而已。

总体来说，无论哪种体型，都应该注意自己的脂肪含量，男性健康的脂肪范围是8% ~18%，女性健康的脂肪范围是16% ~24%，太少或太多均有一定的危害。虽然体型与遗传因素有关，但肌肉和脂肪比却可以通过正确的运动及健康的饮食而调整过来。因此，可从这两方面来改善自己的体型至理想状态，选择正确适当的运动和良好的饮食习惯来维持或增加肌肉的重量及功能，以维持正确的身体姿势，符合健康甚至健美体型的要求。

（1）外胚型者身型瘦，应先强化肌肉。外胚型者肌肉较少，肌力及肌耐力较弱，脂肪量也少。此类型者可多做重量训练来增加肌肉重量（瘦体重部分），以达到更健康的状态，其目标在于增强肌肉的紧实状态或改善肌力。重量训练除可参照肌力及肌耐力练习外，还需注意多进行一些有氧运动。例如，利用步行、慢跑等练习来提高心肺耐力，以达到更佳的健康体适能效果。外胚型者如果想让身体更有曲线，可多参加游泳项目的练习，会适应性地增加皮下脂肪厚度，用以阻止热量的丢失，练习效果较好。

（2）中胚型者易练太壮，适宜增加柔韧性练习。一般认为，中胚型者肌纤维合宜，容易练出强壮、运动员般的身材。建议中胚型者多进行瑜伽或普拉提等柔韧性项目的练习。这些运动项目的动作、呼吸控制及姿势，既可调节肌肉，又不至于使中胚型者练得太壮。因为中胚型者肌肉量较多，如果肌肉缺乏柔韧性，会比其他体型的人更受限于活动的幅度。

（3）内胚型者脂肪较多，应控制体重。内胚型者因脂肪含量过高，下腹部、臂部及大腿会累积多余的脂肪，对健康有不良的影响。因此，应控制饮食并适量运动，减去多余的脂肪，从而达到健康体适能的目的。内胚型者开始参加运动的目的在于大量消耗热量，而强化体力要在一定的运动周期后进行。内胚型者超重时，会增加关节及骨骼的承受压力，因此，建议选择低冲击但热量消耗大的运动，如游冰、健步走、骑自行车等，至于高冲击的运动如打网球、跳绳等，则应尽量避免。

2. 饮食与能量

能量在转换过程中既不增加，也不减少，总能量守恒。当食物被消化及吸收后，肌肉收缩做功，体内的化学能便会转化为机械能。同时，部分化学能会转化为热能用于保暖身体。因此，要做到摄取足够营养的同时，控制食物的摄入热量，这是保持合理身体成分的重要途径。

（1）控制饮食热量。中医有“胃有伏火，消谷善饥”一说，也认为食欲太好是病态。因此，应以自身的状况为基础，灵活掌握。《黄帝内经》强调：“饮食有节，起居有常，不妄作劳，故能形与神俱，而尽终其天年，度百岁乃去。”机体在相对较低水平的代谢过程中运转，分解代谢相对减少，从而获得寿命的延长。如果热量摄入过多，造成人体肥胖，则会产生“富贵病”。肥胖者大多食欲亢进，经常是暴饮暴食，这是因为脂肪细胞可以分泌促进食欲的物质，刺激食欲，越吃越馋，恶性循环，使胃的容积越撑越大，较难形成饱腹感。

（2）规划三餐饮食结构。据美国生理学家研究报告指出，人体的新陈代谢率是上午优于下年，下午大于晚上。换言之，晚上吃较容易“长肉”，不吃早餐并不会对减肥有助益。因此，“早餐吃得好，午餐吃得饱，晚餐吃得少”是很有道理的。在一日三餐的饮食中，不仅要牢记“低油、低糖、低盐、高纤维”的健康饮食原则，还应多吃一些利水去湿、去油腻的食物，这样才能达到理想的效果。

3. 注意事项

（1）饮食管理。

①合理控制热能。正能量平衡指的是摄入的食物能量大于消耗的能量。负能量平衡指的是摄入的食物能量小于消耗的能量。饮食供热能必须低于机体实际消耗的热能量，即必须供应低热能饮食，促使过多的热能被消耗掉，直至体重恢复到正常水平。然后，应注意控制热能的摄入与消耗的平衡，并维持好这种平衡。少吃或不吃高热量、高胆固醇食物是肥胖者配膳的重要原则，日常生活中应忌食纯糖、巧克力、糖果、甜饮料、甜点、冰激凌、黄油、动物脑、动物内脏、鱼子等。

②平衡饮食结构。谷类食物是人体热能的主要来源，它提供人体碳水化合物、蛋白质、膳食纤维、B 族维生素等。肉类包括畜肉、家禽、水产，是优质蛋白质、脂溶性维生素和铁、锌、硒等矿物质的重要来源。不同的肉类含有的脂肪量不同。蔬菜、水果含有丰富的水溶性维生素、矿物质、膳食纤维和其他生物活性物质。水溶性维生素和矿物质可保护心血管健康，增强抗病能力，并可促进脂肪分解，排汗利尿。奶类含钙量高，易吸收，是天然钙质最好的来源，也是优质蛋白质的重要来源。豆类及其制品含有丰富的优质蛋白质、钙质、B 族维生素、膳食纤维、植物化学元素，脂肪含量较少。

（2）运动管理。

①运动可以消耗身体的能量。运动可以使身体消耗比平常休息时更多的能量。不同运动项目的训练，其每天的能量消耗与每分钟的能量消耗皆有所差异，而且受到训练者的身体情况、技术水平与锻炼的努力程度的影响。大多数人认为，只有运动当时才消耗更多的能量，却忽略了运动后 6 ~ 8 小时身体一直维持比平常休息时还高的代谢率，这段时间身体的能量消耗提高。

②运动有抑制食欲的效果。有研究表明，规律的有氧运动有减

少食欲的效果，有助于避免因饮食过量而导致肥胖。同时，运动有助于预防青少年脂肪细胞数的扩增，也可以促使成人脂肪细胞尺寸的缩小。

③运动减肥。在减肥效果上，运动可以增加脂肪的消耗，减少非脂肪成分的流失。根据有关研究结果显示，纯粹饮食控制的方法所造成的体重减轻效果，其中70%是脂肪组织的减少，另外30%则是肌肉组织的流失。在适度运动的情况下，身体游离脂肪酸提供活动能量消耗的分量会提升。持续30～60分钟的中等强度运动，其中50%的能量来自脂肪的供应，而持续60分钟以上的运动，脂肪所供应的能量可占全部消耗能量的70%～85%。饮食控制和运动兼顾的减肥方法，可以达到95%的脂肪组织的减少，同时肌肉会得到加强。

④行为习惯管理。暴饮暴食，爱吃甜或油腻的食物，不定时、不定量地进食等不良的饮食习惯是发生肥胖的主要原因。行为习惯管理的目的是建立一些新的、有建设性的良好习惯来取代以往不当饮食及不运动的习惯。进餐时吃慢些，使饱的感觉更加吻合当时的进食量；睡前不可吃得太饱；认识和了解自己的情绪，欠佳时可做点运动；戒除下午茶及宵夜习惯，改为运动；多吃蔬菜及水果。

（四）身体成分测试

身体成分的测量和评价一直被医生、教练员和体质专家作为评价健康、运动能力和体质的主要依据。大量流行病学调查证实，肥胖是引发心血管疾病、高血压、高血脂、糖尿病和骨关节病等疾病的危险因子，也是导致运动伤害和运动能力低下的主要因素。所以，身体成分保持理想水平或将体重维持在正常范围内是保持体质水平和避免疾病发生的基础。身体成分检测是人体体质调查研究的重要内容之一，常用的测量方法有身体质量指数测量法、皮褶厚度测量法和腰臂比测量法。

1. 身体质量指数测量法

身体质量指数，又称体质指数或体重指数，英文为 Body MassIndex，简称 BMI，是用体重千克数除以身高米数平方得出的数值，计算公式为：BMI = 体重（kg）/身高（m^2）。这是目前国际上常用的衡量人体胖瘦程度以及是否健康的一个标准。当我们需要比较及分析一个人的体重对于不同高度的人所带来的健康影响时，BMI 值是一个中立而可靠的指标，美国运动医学学会与卫生总署皆用其来代表身体成分。该方法简单易行，应用广泛，具体的标准与相关疾病发病的危险度见表 2－1 至表 2　3。

表 2－1　世界卫生组织 BMI 标准及相关疾病发病的危险度

分类	BMI（kg/m^2）	危险度
低体重	<18.5	低（但其他疾病危险增加）
正常体重	18.5－24.9	平均水平
超重	≥25.0	
肥胖前期	25.0－29.9	增加
I 度肥胖	30.0－34.9	中度增加
II 度肥胖	35.0－39.9	严重增加
III 度肥胖	≥40.0	极为严重增加

表 2－2　亚洲成年人 BMI 标准及相关疾病发病的危险度

分类	BMI（kg/m^2）	危险度
低体重	<18.5	低（但其他疾病危险增加）
正常体重	18.5－22.9	平均水平
超重	≥23.0	
肥胖前期	23.0－24.9	增加
I 度肥胖	25.0－29.9	中度增加
Ⅱ度肥胖	≥30.0	严重增加

表 2－3　BMI 与体脂量及各种疾病的相关性

分类	相关性（+/－）
体脂肪量	+
肩胛骨部皮脂厚度	+
脂肪肝	+
冠心病	+
高脂血症	+
高血压	+
糖尿病	+

2. 皮褶厚度测量法（Skin Fold Assessment，SFA）

皮褶厚度是推断全身脂肪含量、判断皮下脂肪发育情况的一项重要指标。随着年龄的变化，体脂也出现规律性的变化。不同的人群，由于遗传素质、生活环境、饮食习惯等不同，体脂分布及其占体重百分比均呈现各自的特点。测量皮褶厚度的常用部位有上臂肱三头肌部（代表四肢）和肩胛下角部（代表躯体），这些部位组织均衡、松弛，皮下脂肪和肌肉能充分分开，测点明确，测量方便，测值重复率高。另外，还可以测量肱二头肌部、髂上、腹壁侧等。皮褶厚度和体脂含量间有相关关系，可通过皮褶厚度的测量值估计人体体脂含量的百分比，从而判定肥胖程度。该方法是通过直接测量人体皮下脂肪的厚度来推测体脂百分比，简单易行、无损伤、经济实用，仪器便于携带，能进行大样本的测量。人体的脂肪分布有一定的规律，通常 2/3 存在于皮下，1/3 存在于身体内部、脏器周围，皮下脂肪厚度与体脂总量有一定的比例关系。因此，皮褶厚度的测量不仅可以反映体脂分布情况，也可以从不同部位的皮褶厚度推算出体脂总量。但反映全身体脂含量的程度受年龄、性别、总脂肪量及测量部位和技术的影响。一般情况下，同年龄女性皮下脂肪要多于男性；同性别年轻人皮下脂肪要多于老年人。皮褶厚度的测量方法如图 2－2 所示。

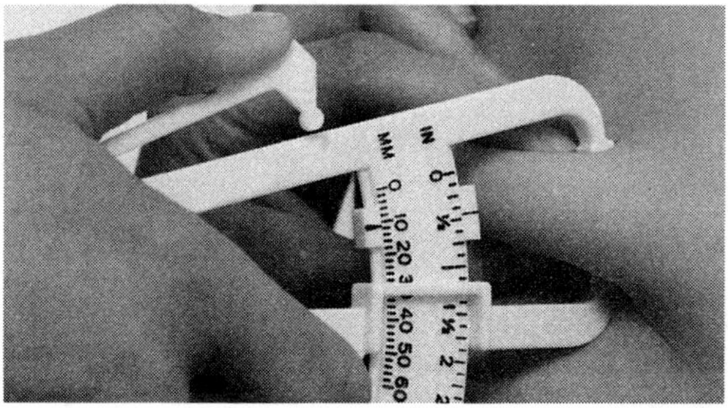

图 2－2　皮褶厚度测量法

3. 腰臀比测量法

一般来说，脂肪堆积在腰腹部比堆积在大腿和臀部对身体的危害要大得多。腰腹部肥胖很容易导致糖尿病、高血压、冠心病、中风和高脂血症等疾病的发生，因此说腰臀比是健康风向标。腰臀比（Waist－to－Hip Ratio，WHR）是腰围和臀围的比值，是判定中心性肥胖的重要指标。当男性 WHR 大于 0.9，女性 WHR 大于 0.8 时，可诊断为中心性肥胖。但其分界值随年龄、性别不同而异，健康的未育女性一般在 0.67～0.80 之间，男性一般在 0.85～0.95 之间。腰臀比不但反映了冠心病、高血压和糖尿病等疾病的发生危险，而且还是反映女性健康的关键指标。理想的腰臀比的最小值应该是多少，目前还没有定论。但是，理想的腰臀比的最大值是多少，已经得到了众多专家的确认。如果是女性，理想的腰臀比在 0.67～0.80 之间；如果是男性，理想的腰臀比在 0.85～0.95 之间。

测量方法：

腰围：把卷尺放置于肚脐水平处，并在呼气结束时进行测量。

臀围：把卷尺放置于臀部的最大周长处进行测量。

完成测量后，用腰围除以臀围，即可得出腰臀比。

近期研究发现，身体脂肪的分布与健康有着密切的关系。如果脂肪过多地堆积在腰腹部，其患病（如高血压、Ⅱ型糖尿病、高血脂等）的危险性会大大增加，即所谓“向心性肥胖”比“梨形体型”的人更容易患各种慢性疾病。美国运动医学学会（ACSM）推荐的标准是：成年男性 WHR≥0.94，成年女性 WHR≥0.82，则患病的危险性将大大增加。换句话说，当腰围接近臀围时，将是典型的向心性肥胖。对于60－69岁的老年人群来说，判断标准为：男性 WHR≥1.03，女性 WHR≥0.90。

二、心肺适能

（一）概述

心肺循环系统是维持人体生命活动的主要动力系统。心肺适能是指一个人在某一特定运动强度下持续身体活动的能力。因此，警察心肺适能的训练对于提高心肺功能、促进机体恢复、增加抵抗力、降低猝死风险等有着至关重要的作用。身体体型的发展状况、肌肉量的差异性、日常生活的身体活动形态、心脏每搏输出量的变化等，都是影响心肺适能发展差异的主要变量。

1. 定义

心肺适能是指机体肺脏与心脏从空气中获得氧气并将氧气输送到组织细胞加以使用的能力。它是个人的心脏、肺脏、血管与组织细胞有氧能力的指标，其所涉及的范围包括：肺呼吸、心脏以及血液循环系统的机能。心肺和血管的功能对于氧和营养物质的分配、清除体内垃圾具有重要的作用，尤其是在进行有一定强度的活动时，良好的心肺功能显得尤为重要，故心肺适能通常被认为是健康体适能要素中最重要的一项。心肺适能较佳，可以使我们运动持续较久，更有效率地应付长时间的身体活动，且不易患心血管疾病；心肺适能较差，不仅容易疲劳、精神不振，而且容易引发心血管疾病。

2. 功能

（1）增强心肌。心肺和骨骼肌类似，经由运动的刺激，可以变得较强而有力。所以，心肺适能好的人，心脏的尺寸与收缩力量会增大，心脏输血能力会增强，每分钟的心跳次数会减少，对健康有益。

（2）有益于血管系统。心肺适能以良好的血管弹性及通畅无阻的血管口径为基础，使由心脏挤送出来的血液，沿动脉微血管到达组织，再由组织汇回静脉，流返心脏的流程顺畅。心肺适能良好，表现为微血管在组织中的生长分布较密，比较有利于血液的供应，有助于减缓心血管循环系统机能退化性疾病的威胁。

（3）强化呼吸系统，改善血液成分。心肺适能好，肺呼吸量大，肺泡与微血管间进行气体交换的效率就高。同时，血液中的红细胞含量较多，有利于氧的运送，增加血液中高密度脂蛋白与低密度脂蛋白之比值，减少心脏病的发病率。

3. 影响因素

（1）遗传。有科学研究估计，遗传对心肺适能的影响占 47% 以上。同时，呼吸、心脏、血管和肌肉等系统与心肺适能有密切关系。

（2）运动。适度的身体活动和训练，可以改善呼吸、心脏、循环、肌肉系统的运输与利用能力，其中以有氧训练增加心肺适能的幅度更大。有氧训练会使一般人的心肺适能得到 20% ~25% 的改善，而青少年的改善可超过 30%。停止运动，心肺适能就会明显减退，三个月完全休息、没有运动，就会减少心肺适能约 30%。

（3）性别。青春期前，男女的心肺适能差异不大，但青春期后差异变大，男性高于女性 10% ~20%。其原因在于男性有较高的血红细胞和肌肉质量，以及较低的体脂率。

（4）年龄。心肺适能在 25 岁左右达最高峰，而后每 10 年约减少 10%，但保持运动生活方式者只减少 4% ~5%，经常参与有氧训练者只减少2%～3%。

(5)体脂。最大摄氧量与体重相关，如果减少脂肪或体重，心肺适能就会增加。过多的体脂会增加身体负担，影响心肺适能。

(二)训练原则

从健康的角度来看，通过有氧运动可以使运动者维持最佳的心肺适能，而拥有良好的心肺适能可以避免各种心血管疾病。因此，良好的心肺适能是健康体能的重要因素。心肺适能的训练原则如下：

1. 针对性原则

不同的训练方式、训练强度、持续时间、频率等，对于组织器官的改善效果有很大的不同。以有氧练习为重点开展有针对性的训练，可以达到良好的提升心肺适能的效果。

2. 目标心率原则

根据超负荷原则，锻炼心肺适能的运动强度为最大心率的60%～80%。

3. 渐进原则

渐进原则必须结合超负荷和适应性这两个概念。要想进一步提升心肺适能，必须待身体习惯后，再附加额外的体力考验。

(三)训练方法

1. 常用训练方法

(1)持续负荷法。持续负荷法是发展有氧耐力的主要方法。其特点是负荷量大，没有间歇。持续负荷法根据速度是否变化又分为匀速训练和变速训练两种。采用持续负荷法训练时，每次负荷时间不少于30分钟，练习强度可以通过测定心率等方法计算，心率可控制在每分钟150～170次。采用变速训练时，可在练习过程中逐步提高速度，即从较低的强度提高到中等强度。例如，第一个1/3的距离可用较低的速度完成，然后将速度提高到稍低于中等强度的水平，最后1/3的距离则用中等强度的速度完成。此外，还可以从中等到最大不断变换强度。例如，在每 1 ~ 10 分钟的最高强度负荷后，可穿插安排中等强度负荷，以保证机体在下一次提高负荷前稍有调整。采用最大负荷时，心率可达到 180 次/分，恢复阶段降到 140 次/分。有节奏的、波浪形变化的强度安排，有助于进行大负荷训练，并能有效提高心脏和中枢神经系统功能，提高机体在不同情况下的适应能力，从而大大提高有氧耐力水平。

（2）间断负荷法。间断负荷法又分为间歇训练法和重复训练法。

间歇训练法是一种采用各种强度的重复刺激，并在练习之间按预定计划安排间歇时间，不完全休息的训练方法。这种方法对发展耐力水平非常有效。

间歇训练法的主要影响因素有强度、负荷数量、持续时间、间歇时间、休息方式、练习组合等。

强度：短距离或中距离的间歇训练，心率应达到 170 次/分 ~ 180 次/分。长距离的间歇训练，心率应达到 160 次/分 ~ 170 次/分。只有用较大强度才能有效提高心脏功能，达到发展有氧耐力的目的。

负荷数量：一般以距离和时间来标志。其基本要求是：一次练习的负荷数量不要过多。若一次练习的负荷数量多、持续时间长，则会导致工作强度下降，不利于心脏功能的提高。

持续时间：可根据练习任务和自身情况来确定。每一次练习的持续时间，可分别为 15 ~ 90 秒、2 ~ 8 分钟等。在训练中，较多的是 60 ~ 90 秒。但整个练习的持续时间应尽可能延长，应保持在 30 分钟以上。只有这样，才能提高有氧的能力及心脏的潜在功能，并有利于意志品质的培养。

间歇时间：为实现对受训者呼吸和心血管系统不间断的刺激，主要以心率来控制间歇时间。其基本要求是：在受训者机体尚未完全恢复（心率恢复到 120 次/分 ~ 140 次/分）时进行下一次练习。这样可使受训者在积极性休息阶段摄取大量氧气，并使整个练习过程的摄氧量和心搏量都保持在较高的水平上。

休息方式：采用轻微的积极性活动休息方式（如慢跑），可以对肌肉中的毛细血管起到“按摩作用”，使血液尽快流回心脏，再重新分配到全身，以尽快排除机体中堆积的酸性代谢产物。

重复训练法在发展有氧耐力的同时，还能发展专攻耐力，负荷强度比间歇训练法大。每次训练应在完全恢复以后，再重复进行。

（3）高原训练法。中度高原空气密度只有海拔平面的77%，氧含量只有平原地区的3/4左右，氧分压大于平原地区的20%～25%。当参与者在这样的环境下进行训练时，由于“调节适应期”产生应激，呼吸频率和心率加快，溶解在血管里的部分氧气受低气压的影响不易被身体吸收，使血管体积变大，血管扩张，血管壁增厚，血管变粗，通过的血量增加，从而更好地锻炼参与者的心血管系统，提高最大摄氧量与耐受乳酸的能力。

2. 注意事项

（1）运动频次。每周少则实施三次，如每周的一、三、五或二、四、六规律运动。多则每天进行一次，但必须慎防休息不足所引起的过度疲劳，增加运动伤害的危险。

（2）运动强度。有氧运动时，以最大心率的60%～80%的强度为佳，也就是运动时有点喘但还可以说话的感觉为运动强度的合适范围。这样，每分钟的脉搏数在运动过程中都能保持在相当稳定的次数范围内。运动后立刻量得的10秒或15秒的脉搏数，乘以6或4，即可得出运动时每分钟的脉搏数。一般而言，长时间未运动者体能较差，开始运动时最低训练心率为每分钟120～130次，持续一段时间，等心肺适能增强后再加运动强度。

（3）持续时间。持续或不间断地从事有氧运动一般为15～60分钟，具体持续时间依运动强度而定。

（四）训练项目

1. 中长跑

中长跑运动是一项需要速度和耐力的综合性项目。一般把 800 米～10000 米跑统称为中长跑项目，需要人体能在较长时间内，保持较高的跑步速度。

中长跑的动作要注意向前运动的效果，身体重心不要下降过大，两腿、两臂动作自然放松省力，两腿落地要柔和并有弹性。

2. 折返跑

根据两个标志物，从其中一点（起点）开始，按照要求根据一定距离跑至另一标志物（终点）处，用脚或用手碰到标志物后立即转身（无需绕过标志物）跑回起点，继续转身跑向终点，循环进行，按照练习要求在起点和终点间做若干个来回折返跑。

折返跑的关键在于折返的技术，折返技术的好坏对最后的成绩影响较大。折返跑的技术要领（以右脚触线或右手碰到标志物为例）：快跑至终点时，一般为终点前 2～3 米，略微降低跑速，降低身体重心，跑至终点，侧身面对终点线或标志物，左下肢成屈蹲，右下肢延伸至终点线处（或稍前处）制动并准备做蹬地起跑，上体下压，用脚触线（或用手碰到标志物）后，上体转向前进方向，右脚迅速蹬地起跑，继续向前快速跑进。

3. 跳绳

保持身体平稳，有节奏的呼吸。身体上部保持平衡，不要左右摆动。人体要放松，动作要协调。开始双脚同时跳，然后过渡到双脚交替跳。跳绳不要跳得太高，绳子能过去就可以了。

跳绳的运动量控制：

初练者：每天 60～100 跳。分 2～3 次，间隔 1 分钟。

正常：每天 400～500 跳。分 2 次，间隔 1 分钟。

建议：配合监测心率心速情况。

4. 球类活动

一些球类活动，如其强度和持续时间得当，也有发展有氧工作能力的作用。常用于心肺适能训练的球类项目有非竞赛性的篮球、排球、足球、羽毛球、乒乓球、网球，以及适于老年健身用的地掷球、门球等。球类活动的趣味性和娱乐性较强，但运动强度变化较大，受个人身体素质、运动技巧及活动时同伴的表现等因素的影响。作为提高心肺适能的手段，球类活动一般适合于身体素质较好、有一定运动水平的人群。

三、肌肉适能

（一）概述

在人体中，由肌肉、骨骼、关节和韧带等共同组成了运动器官，使有机体得以进行各种各样复杂精细的运动，而一切运动的原动力就是那些大大小小的肌肉。骨骼肌是运动系统的动力部分，在神经系统的支配下，骨骼肌收缩中，牵引骨产生运动。人体骨骼肌共有600多块，分布广，约占体重的40%。每块骨骼肌不论大小如何，都具有一定的形态、结构、位置和辅助装置，并有丰富的血管和淋巴管分布，受一定的神经支配。保持良好的肌力和肌耐力对于促进健康、预防损伤与提高工作效率都有很大的帮助，当肌力和肌耐力衰退时，肌肉本身往往无法胜任日常活动及紧张的工作负荷，容易产生肌肉疲劳及疼痛现象。近几年的研究证实，背痛主要是“人体核心”和脊柱附近的肌力过于薄弱所导致；肌力不足与肌力分配不均容易导致拉伤。所以，必须要做一些增强“核心肌群”与身体主要肌群力量，以及使身体肌肉平衡发展的运动。

1. 定义

肌肉适能主要是指肌力与肌耐力。肌力是指肌肉对抗某种阻力时所发出的力量，即肌肉在一次收缩时所能产生的最大力量。肌耐力是指肌肉承受某种适当的负荷时，对抗疲劳的能力，视肌肉运动反复次数的多少或持续运动时间的长短来评价。

2. 功能及特点

（1）肌肉的功能。

①运动，即全身所发生的任何动作，包含主观支配运动和不自觉运动。主观支配运动是指走步、跑步、点头等动作，是靠骨骼、关节及附着于骨骼上的肌肉相互协调而产生。不自觉运动，如心脏跳动、胃肠蠕动、血管收缩及舒张等。

②维持姿势。骨骼肌收缩能使身体维持固定的姿势，如站、坐等。

③产生热能。骨骼肌收缩产生热能，身体所发出的热能约有85%是由骨骼肌收缩而产生的，对于维持正常体温很重要。

④其他生理功能。肌肉收缩时能促进循环，有助于体液的回流，特别是静脉回流。肌肉组织具有保护作用，有助于咀嚼、呼吸与吞咽等动作的完成。

（2）肌肉的特点。

①兴奋性，骨骼肌接受刺激而产生反应的能力。骨骼肌通常受神经刺激而兴奋。

②收缩性，当肌肉接受一个充分的刺激时，引起收缩，使肌肉变短、变粗的能力。

③伸展性，骨骼肌在外力作用下可以伸展其长度的特性。

④弹性，骨骼肌经收缩或伸展反应后能恢复原状的特性。

3. 影响因素

（1）肌肉体积。肌肉体积与肌肉力量有着密切的关系，主要受单个肌纤维的直径和肌肉中肌纤维的数量两个因素的影响。肌肉体积可用肌肉横断面积的大小来表示，肌肉横断面积越大，肌肉体积就越大，肌肉力量也就越大。有针对性的力量练习可以促进体内蛋白质的代谢以及蛋白质的合成，增加单个肌纤维的直径而使肌肉体积增加。

（2）肌纤维的类型。骨骼肌的肌纤维可分为白肌纤维和红肌纤维两种类型。白肌纤维收缩产生的力量大，红肌纤维收缩产生的力量小，但红肌纤维的耐力较好。肌肉中肌纤维类型的比例受遗传因素的影响较大。通过力量和速度练习可以增加肌肉中白肌纤维的比例。

（3）神经调节。肌肉收缩力量除决定于肌肉本身的形状、机能特点外，还与神经系统的调节机能有关。神经系统可以通过两种方式调节肌肉力量：一是通过发放强而集中的兴奋，动员尽量多的肌纤维参与收缩，以增大肌肉力量，有些人在肌肉最大收缩时能动员80%以上的肌纤维参与收缩；二是通过增加神经中枢发放神经冲动的频率增加肌肉力量，神经冲动频率越高，肌肉力量越大。

（4）性别因素。男性的肌肉力量和质量通常比女性强大，这主要是因为男性体内有比女性体内更多的雄性激素，而雄性激素是促使肌肉发展的主要生理因素。一般来说，男性比女性具有更大的肌肉维度，两者在肌肉大小和有效力量方面也存在着差别，男性有更大的可塑空间，具有相对的力量优势。

（5）年龄因素。人体的肌肉力量有着自然的消长过程，20～30岁，肌肉力量达到最高峰，30岁以后逐渐减弱，65岁时的肌力相当于20～30岁时的80%。系统的健身训练和力量训练，有助于增强体力、延迟肌力的衰退。

（二）训练原则

1. 超负荷原则

超负荷原则是肌肉力量训练的一个基本原则。超负荷不是指超过本人的最大负荷能力，而是指肌肉适能训练的负荷应不断超过平时采用的负荷，包括负荷强度、负荷量和肌肉适能训练的频率。

根据肌肉适能训练目的的不同，可以将超负荷分为三种类型：

阈下负荷、保持性负荷和刺激性负荷。

阈下负荷是指位于训练者适应水平以下的负荷，它对训练者的神经—肌肉系统不产生刺激作用；保持性负荷是指正好位于训练者神经—肌肉适应水平的负荷，它只能维持肌肉适能水平，而不能产生有效的刺激；刺激性负荷是指高于训练者神经—肌肉适应水平的负荷，它可以造成肌肉的疲劳，使其在高水平上形成新的适应。

2. 特异性原则

肌肉适能训练的特异性（专门化）是指被训练肌肉对不同代谢性质、收缩类型和练习模式的力量训练产生的特定反应或者适应的生理学现象，是影响肌肉适能训练效果的一个重要因素。

肌肉适能训练过程中的肌肉活动性质和代谢特点与所从事的运动专项特点不一致，对神经系统协调能力以及局部肌肉生理、生化特征的影响也不同。因此，发展肌肉力量的抗阻训练，应包括直接用来完成某一技术动作的全部肌群，并尽可能地使肌肉活动的类型、能量代谢类型、肌肉收缩速度、力量练习的动作结构以及时间—动作关系与专项力量和专项技术的要求相一致。

3. 安排练习原则

发展肌肉适能的抗阻训练是由多种力量练习组成的，而练习的顺序可以直接影响训练的效果。一般情况下，在一次力量训练课当中，大肌群训练在先，小肌群训练在后，原因是小肌群在力量训练中较大肌群容易疲劳，会在一定程度上影响其他肌群乃至全身肌肉整体工作能力；多关节运动在前，单关节运动在后；在训练单一肌群时，大强度练习在前，小强度练习在后。

（三）训练方法

1. 常用训练方法

（1）等长力量训练法。肌肉收缩而长度不变的对抗阻力的力量训练方法叫作等长力量训练法，又称为静力训练法。其优点是肌肉能够承受的运动负荷量较大，因此是发展最大肌肉力量的常用方法。等长力量练习时，神经细胞长时间保持兴奋，有助于提高神经细胞的工作能力；肌肉对血管的压力增大，影响肌肉的血液和氧气供应，从而对肌肉无氧代谢能力的提高、肌红蛋白含量的增加和肌肉毛细血管的增生等均有良好的影响。有研究表明，等长力量训练的效果具有明显的“关节角度效应”，即等长力量训练的效果仅局限于受训练的关节角度。因此，等长力量训练应根据个人的特点，确定合理的关节训练角度，以确保训练的效果。

（2）向心等张力量训练法。肌肉进行收缩和放松交替进行的力量练习方法叫作向心等张力量训练法，又称为动力训练法。负重蹲起、负重提踵、卧推、挺举等均属于此类方法，其优点是肌肉运动形式与多数竞技运动项目的运动特点相一致；在增长力量的同时，可以提高神经肌肉的协调性。向心等张力量训练法的训练效果主要取决于训练负荷强度、重复次数和动作速度等因素。一般情况下，如果力量训练的目的是发展力量耐力，应采用低强度、高重复次数的训练；如果力量训练的目的是发展最大肌力，应采用高强度、低重复次数的训练。

（3）离心力量训练法。肌肉收缩产生张力的同时被拉长的力量训练方法叫作离心力量训练法（属于动态力量的训练方法）。肌肉在负重条件下被拉长的动作均属于此类方法。研究发现，肌肉在进行离心收缩时所产生的最大离心张力比最大向心张力大30%左右。因此，该力量训练方法能够对肌肉造成更大的刺激，从而更有利于发展肌肉横断面积和肌肉力量。离心力量训练法的不足之处是训练后引起肌肉疼痛的程度较其他方法明显，原因可能是离心收缩容易引起肌肉结缔组织损伤所致。

（4）等速力量训练法。等速力量训练又称为等动力量训练，它是一种利用专门的等速力量训练器进行的肌肉力量训练方法。进行等速力量训练时，等速力量训练器所产生的阻力是与用力的大小相适应的，只要练习者尽最大的力量运动，肢体的运动速度在整个运动范围内都是恒定的，而在此活动范围内的各个角度上，只要练习者尽全力运动，产生的肌肉张力也是最大的。因此，等速力量训练法事实上是一种可以使肌肉在整个活动过程中呈“满负荷”工作的力量训练方法。目前研究认为，等速力量训练法是发展动态肌肉力量最好的训练方法之一。

（5）超等长力量训练法。肌肉在离心收缩之后紧接着进行向心收缩的力量训练方法叫作超等长力量训练法。运动训练中常用的多级跳和“跳深”等练习都属于此类方法。目前，超等长力量训练法主要用于爆发力的训练，其生理学依据是肌肉在离心收缩后紧接着进行向心收缩时，可借助肌肉牵张反射机制和肌肉弹性回缩产生更大的力量。

2. 注意事项

（1）运动强度。肌力与肌耐力的重量训练，差异在于负荷的重量以及反复次数不同。原则上，肌力的训练遵循高负荷、低反复次数的方法；肌耐力的训练遵循低负荷、高反复次数的方法，但亦须考虑渐增负荷的原则，否则肌耐力的进步仍然有限。高负荷低反复的重量训练主要是训练肌力，低负荷高反复的重量训练主要是训练肌耐力。重量训练的强度与频率受训练项目的影响，会有明显的差异。“RM”是英文“Repetition Maximum”的缩写，字面含义是“重复做的最大数值”，引译为“最大重复次数”，结合次数 x，则表示“能够重复练习 x 次的最大重量”或“最多只能重复练习 x 次的重量”。具体地说，6RM 以下的重量主要是针对绝对肌力的训练；6 ~ 12RM 的重量主要是增大肌肉维度的训练；10 ~ 15RM 的重量主要是加强耐力和心血管功能的训练；20RM 的重量训练，可增多肌肉中的毛细血管，达到减脂和增加肌肉耐力的训练目的。

（2）持续时间及频率。进行肌肉的向心收缩锻炼，应维持 1～2 秒；进行肌肉的离心收缩锻炼，应维持 2～4 秒。例如，进行卧推时，发力推用时 1～2 秒，降下重量用时 2～4 秒。在进行全幅度运动时，速度应适中。肌肉受到锻炼后，需要时间休息，大肌肉如胸肌、股四头肌等需要休息 48 小时以上，小肌肉如肱二头肌、肱三头肌需要休息 1～2 天。相同肌群训练勿排在一起，所以进行重量训练须隔日实施，或者分部位进行交替训练，使训练过的肌肉有充分的时间休息恢复。重量训练对于肌力的效果可以维持 6 周以上，但肌耐力在刚停止训练的几周内下降得很快，12 周后肌耐力的下降速度呈现稳定，并保有 70% 的训练效果。保持良好的肌力和肌耐力对于促进健康、预防运动损伤与提高工作效率有很大的帮助。

（3）其他注意事项。

第一，可逆性。锻炼身体要养成习惯，持之以恒，定时进行，不然肌肉得不到正面的刺激，便会逐渐萎缩退化。

第二，保持呼吸。当抵抗阻力时，应该呼气；放下阻力时应吸气，相反亦可，但必须保持呼吸顺畅。

第三，肌肉平衡发展。身体的每一个部位如四肢及躯干，除要均衡地锻炼外，还需留意屈曲肌和伸展肌的平衡发展。如腹部肌力、肌耐力不好，骨盆无法被悬吊在正常的位置而出现前倾情形，进一步会迫使下背部位的腰椎过度前弯，可能压迫脊髓神经，造成终痛。

第四，正确使用器械。使用重量器材或仪器前，要知道如何操作，同时要注意安全，做好自我保护。做杠铃推举等训练时，需有人在旁边进行保护。

第五，肌肉酸痛。运动引起的肌肉酸痛可以分为急性肌肉酸痛与慢性肌肉酸痛两种。急性肌肉酸痛是因肌肉暂时性的缺血而造成的酸痛现象，只有肌肉做激烈或长期的活动才会发生，肌肉活动一结束即消失。慢性肌肉酸痛往往发生在训练后的 24～48 小时之间。

突然进行激烈或过度反复的活动，容易引起迟发性的肌肉酸痛，最佳的预防方法是以渐进的方式进行肌肉活动，使肌肉能够负荷繁重或多次反复的运动。

（四）训练手段

1. 自身重量阻力训练

（1）俯卧撑。要做到一个完美起始姿势，身体必须保持从肩膀到脚踝成一条直线，双臂应该放在胸部位置，两手相距略宽于肩膀。这样，可以确保每个动作都能有效锻炼二头肌。做俯卧撑时，应该用2～3秒的时间来充分下降身体，最终胸部距离地面应该是2～3厘米的距离；然后，要马上用力撑起，回到起始位置（见图2－3、图2－4）。

图2－3

图2－4

（2）仰卧起坐。身体仰卧于地垫上，屈膝成90度左右，脚部平放在地上。平地上切勿把脚部固定（可由同伴用手按着脚踝），否则大腿和髋部的屈肌便会加入工作，从而降低了腹部肌肉的工作量。再者，直腿的仰卧起坐会加重背部的负担，容易对背部造成损害。根据自身腹肌的力量来决定双手安放的位置，因为双手越是靠近头部，进行仰卧起坐时便会越感吃力。初学者可以把手靠于身体两侧，当适应了或体能改善后，便可以把手交叉贴于胸前。最后，可以尝试把手交叉放于头后面，但双手应放在身体另一侧的肩膀上（见图2－5、图2－6）。

图 2－5

图 2－6

（3）引体向上。两手用宽握距正握（掌心向前）单杠，略宽于肩，两脚离地，两臂自然下垂伸直。用背阔肌的收缩力量将身体往上拉起，当下巴超过单杠时稍作停顿，静止一秒钟，使背阔肌彻底收缩。然后，逐渐放松背阔肌，让身体徐徐下降，直到回复完全下垂，重复再做。可以弯曲膝关节，将两小腿向后交叉，使身体略微后倾，能更好地锻炼背部肌肉（见图 2－7、图 2－8）。

图 2－7

图 2－8

（4）空蹲。起始姿势要标准，双脚分开与肩同宽，脚尖可以稍微朝外但要在 12 度以内。上身挺直，保持背线的自然弯曲。微收下颌，目视前方。注意骨盆调整在中立位，不要有前倾或后倾。在下蹲过程中，将臀向后和向下方送出。做动作时，膝关节不要内扣；髌骨不要主动往前送，即抑制髌骨前移；重心在足弓下，避免用前脚掌承受压力，尽量把压力压到脚后跟；臀部要蹲到低于膝关节水平面的位置，然后恢复到起始姿势，尽可能站直（见图 2－9、

图 2－10）。

图 2－9

图 2－10

2. 轻器械训练

（1）杠铃卧推。双手以宽于肩的握距正握杠铃，拇指扣在食指上。合适的握距应该使小臂在动作最低点时基本垂直于地面。握距太窄，肱三头肌会过多参与，从而减弱对胸肌的刺激；握距太宽，只能锻炼胸肌外侧。收缩胸肌，然后慢慢将杠铃下降至中胸处，下降的同时用鼻子吸气。杠铃在最低点不接触胸肌而是保持一个微小的距离。在下降的过程中，一直保持胸肌的紧张，用胸肌控制杠铃而不是胳膊。在最低点不要停顿，直接把杠铃推起至肩部正上方，同时用嘴呼气，也可以在推起时屏住呼吸度过停滞点（推起过程中难度最大时）后再呼气。杠铃运动的轨迹并不是直上直下，而是与竖直面形成一个小角度，这样在最高点时可以增加对上胸肌的刺激。需要注意的是，推起时，要保持肩膀的正确姿势，不要将肩膀伸出来。在推起到最高点时停顿约一秒钟，做顶峰收缩（在动作定点用力收缩目标肌）。然后，下放杠铃，开始下一次动作（见图 2－11、图 2－12）。

图 2－11

图 2－12

（2）硬拉。双脚呈“八”字形站立，杠铃放于体前，屈膝俯身，双手正握杠铃，握距约与肩同宽，头稍抬起，挺胸，腰背绷紧，翘臀，上体前倾约 45 度。腿肌用力，伸膝，提铃，稍停。然后，屈膝，缓慢下降还原。为提高锻炼效果，屈膝、下降杠铃时不让其触及地面，拉到最高点时，双肩尽量外展，抬头挺胸，停顿 3 秒钟。还原，重复练习（见图 2－13、图 2－14）。

图 2－13

图 2－14

（3）哑铃飞鸟。身体放松平躺在窄凳上，双脚平稳地踩在地面上，保证肩部自由活动，手持哑铃，双臂向上伸直，保持略微弯曲。吸气，两臂张开平稳下滑，使肘与肩同高。呼气的同时推举哑铃至初始位置，要找到一种环抱水桶的感觉（见图 2－15、图 2－16）。

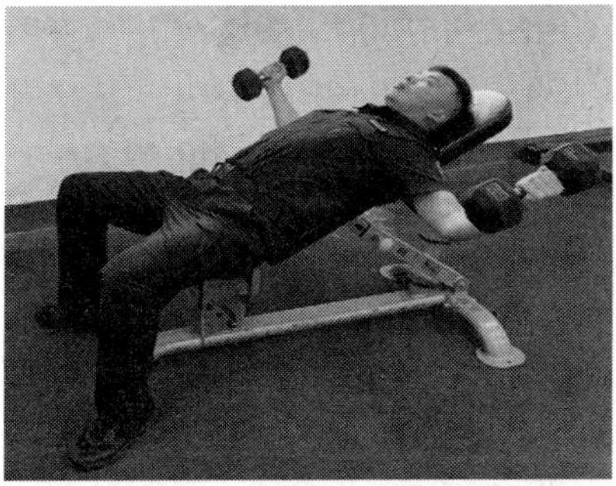

图 2－15

图 2－16

（4）哑铃箭步蹲。双手各握一哑铃悬垂在体侧，挺胸收腹；左脚向前跨出一步，成弓箭步姿势并下蹲，前后腿均成直角，抬头挺胸，腰腹收紧；两腿同时用力蹬地还原成站姿。换另一侧腿同样完成（见图 2－17、图 2－18）。

图 2－17

图 2－18

3. 健身器训练

（1）拉力训练器。与其他健身器材不同，拉力训练器施加在肌肉上的张力恒定，不会因手臂的变化而变化，选择不同的位置，可以锻炼到腿部、臂部、背部、胸部和腹部的肌肉（见图 2－19 至图 2－24）。

图 2－19

图 2－20

图 2－21

图 2－22

图 2－23

图 2－24

（2）高位下拉训练器。普通的高位下拉，能锻炼背阔肌上侧、外侧两部分，有效增加背阔肌的宽度。宽距高位下拉动作非常简单，其中有几个非常重要的细节：手要握在握把的转角处，两边一致；下拉的时候，头部微微上仰；大腿部位与地面保持平行，小腿与大腿之间成90度（见图2－25、图2－26）。

图2－25

图2－26

（3）坐姿推胸机。坐姿推胸机是进行胸肌训练时经常使用的一种机械，主要锻炼胸大肌为主的胸部诸肌。初级使用者多会背部紧贴座椅，以便用力；较有经验的使用者则会背部离椅，同时锻炼腹部肌肉。训练时，首先根据自己的身高调整坐垫位置，然后选择适合自己的配重。挺胸收腹，双手握住把手，圆弧式向胸前推，每次推出后，配重片不要完全落下，重复运动（见图2－27、图2－28）。

图2－27

图2－28

（4）史密斯卧推。史密斯卧推是在固定器械上完成的卧推，对于初级练习者来说，自由卧推（哑铃卧推、杠铃卧推）还不能很好地把握平衡性，应该先使用史密斯机器做基础练习，过一段时间后再进行自由卧推。史密斯卧推分为平板、上斜、下斜三种情况（见图2－29、图2－30）。

图2－29

图2－30

史密斯机器上左右两边的轨道被设计用来固定住杠的移动方向，杠不会向前倾，也不会向后倒，当然也不会左右歪斜。

四、柔韧适能

（一）概述

1. 定义

柔韧素质是指身体各个关节的活动幅度以及跨过关节的韧带、肌腱、肌肉、皮肤及其他组织的弹性和伸展能力。关节的活动幅度主要取决于关节本身的结构；跨过关节的肌肉、肌腱、韧带等软组织的伸展性，主要通过合理的训练获得。

在体育运动中，柔是指肌肉、韧带拉长的范围，韧是指肌肉韧带发挥的力量以及控制关节不受损伤的最大活动幅度，柔和韧的结合便是柔韧，发挥的能力便是柔韧素质。人们通常把柔韧素质简称为柔韧性，但是，不能把柔韧性和柔软性混为一谈。虽然两者都可用肢体活动幅度的大小来衡量，但它们在本质上是有区别的：从字义上看，柔韧是既柔和又坚韧，即柔中有刚，刚柔相济；而柔软只是柔与不硬，或柔中无刚，刚柔不济。从性能上看，柔韧在幅度中还含有速度和力量的因素，即在做大幅度动作时，肌肉仍能快速有力地收缩；而柔软是幅度大，却缺乏速度和力量。

2. 功能

（1）表现良好体态。加强柔韧性练习，可以增加肌肉弹性，在改变体态的同时，如果被动肌的弹性增加了，可以矫正不良的身材形态，增加身体动作的协调优美感。柔韧性不佳是引发关节炎、驼背及腰背痛等疾病的原因之一。

（2）减少运动损伤。加强柔韧性练习，可以增加关节的运动幅度，提高肌肉的活动效率，使身体活动更加灵活；降低肌肉拉伤的发生率，提高身体动作的协调性，并能减少肌肉紧张所带来的提早疲劳与酸痛。例如，由于突然用力或用力过猛，运动幅度超过了韧带、肌腱的柔韧限度，有可能发生运动损伤，如韧带损伤或断裂、肌腱损伤或断裂等。

（3）提高技术和机能水平。柔韧素质是各项运动选材的重要依据之一，不同的运动项目对身体各部位的柔韧性的要求也不一样。例如，跨栏选手髋关节的柔韧性比较好，游泳选手肩关节和踝关节的柔韧性比较好。加强柔韧性练习，可以提高关节的灵活性，获得最佳的机能水平；有利于技术水平的提高，使技术动作显得轻巧、灵活，更加协调和准确。

3. 影响因素

影响柔韧素质的因素主要有骨关节结构，跨过关节的韧带、肌腱、肌肉与皮肤的伸展性，中枢神经系统，关节周围组织的大小，年龄与性别等。影响柔韧性的组织及其百分比如下：关节囊及韧带

47%，肌肉41%，肌腱及其他结构组织10%，皮肤2%。因此，掌握发展柔韧素质的规律，正确运用发展柔韧素质的练习方法、手段，尤其是给予关节附近有关的肌群伸展的刺激，是柔韧性有效运动的重要保证。

（1）骨关节结构。骨关节结构是依据人体生理生长规律需要而形成的，这种结构是被限定的。关节面的形态决定运动轴的多少和方向，并决定关节的灵活性，因此，关节的运动幅度被限定在一定范围之内。通过训练，可以使各个关节达到其最大的活动范围，充分挖掘其潜力。缺少训练，则会导致各个关节具有的活动潜力逐渐消退。

（2）跨过关节的韧带、肌腱、肌肉与皮肤的伸展性。关节的加固主要靠肌腱和韧带，肌肉则从关节外部补充加固关节的力量，控制关节的活动幅度，它们共同作用，限制关节在一定范围内活动，保护关节不致因超出解剖学允许的最大限度能力而受伤。发展某一关节的柔韧性，主要是使限制关节活动幅度的对抗肌主动受到牵拉伸展，逐渐增加它们的伸展度，进而扩大关节的运动幅度。

（3）中枢神经系统。神经系统兴奋与抑制过程转换对于肌肉之间的协调性改善以及肌肉紧张和放松的调节能力的提高至关重要。中枢神经支配下的肌肉，韧带力量的增长必须与所控制的关节活动范围相适应，不能因肌肉过分增大而影响关节的活动幅度，也不能因肌肉、韧带过分伸展而造成关节的松弛无力。

（4）关节周围组织的大小。关节周围的肌肉块过大或脂肪过多，都影响着柔韧性的提高。在力量练习后，要做伸展和放松练习，尽量拉长肌纤维，增强肌肉弹性，从而使力量和柔韧性同时提高。如果皮下脂肪过多，肌肉收缩力量相对较弱，加之脂肪占一定的空间体积，从而影响柔韧的有效幅度。

（5）年龄与性别。柔韧性的增长在10岁以前自然获得发展，10

岁以后随着年龄的增长，骨的骨化过程，肌肉的增长，韧性逐渐加强，柔性相对降低。在青春期，柔韧性虽有些下降，但在这个年龄段整个身体发育趋向成熟，可加大柔韧负荷、难度，进一步获得专项运动所需要的柔韧素质。女子的肌纤维细长，横断面积小于男子，伸展性好，对关节的活动限制小，因此，女子关节的灵活性好于男子。

（6）其他因素。

①疲劳程度。当肌肉由于长时间工作产生疲劳时，其弹性、伸展性、兴奋性均降低，造成肌肉收缩与放松的不完善，各肌群不能协调工作，从而导致关节柔韧性的降低。

②温度。当肌肉温度升高时，新陈代谢加强，供血增多，肌肉的黏滞性减少，从而提高肌肉的弹性和伸展性，柔性得以提高。影响柔韧性的温度有外界环境温度和体内温度，体内温度的调节用于补偿外界环境对机体产生的不适应。

③活动水平。不爱活动的人比经常活动的人柔韧性差，其原因是长期坐着不动，膝、髋关节等老是处于特定的位置，使相应肌群变短和僵硬，导致肌肉、韧带的正常伸展性丧失，关节的活动范围缩小。

（二）训练原则

1. 做好充分的准备活动

可利用小跑使体温逐渐增加，以降低肌肉和肌腱的黏滞性，使肌肉与肌腱处于运动状态，这样可以提高柔韧练习的功效，减少拉伤的概率。

2. 柔韧练习要与呼吸相配合

在练习过程中，应该配合动作幅度缓慢地做深呼吸，暂停呼吸、屏气用力等都会使动作僵硬、不协调，加大拉伤的风险。

3. 运动前、后都要做拉伸运动

很多人都懂得运动前的拉伸练习，却忽视了运动后的拉伸练习。运动后的拉伸练习，可以使组织细胞内的物质代谢和能量交换的速度

加快，对缓解运动疲劳和增加运动肌肉的弹性和伸展性有较好的效果。

4. 拉伸的动作要慢而温和

拉伸的主要目的是利用肌肉、肌腱的弹性和延伸能力，刺激神经肌梭及肌腱感受小体的神经信息，从而逐渐地增加伸展的潜力及忍受力。无论是动态适能练习还是静态适能练习（连续30秒以上），只要是缓和的，都会取得成效。最忌讳的是拉压不到位，或猛烈地急压、外力施加。

5. 拉伸不同部位的肌群

人体某一个动作的完成至少需要两组肌群的参与，不同部位的肌肉，其拉伸动作也不相同。除了协同肌，方向作用相反的颉颃肌也必须对等地拉伸，以避免颉颃肌拉伤。

6. 拉伸幅度要适度

在做拉伸练习时，有“张力感”或“酸胀感”是正常的。但感觉到肌肉过度疼痛时，要警惕损伤的发生。

（三）训练方法及手段

1. 各关节的特点及常用训练方法

发展各关节的柔韧性可采用压、踢、摆、搬、劈、绕环、前屈、后仰、吊、转等动作。器械练习主要利用肋木、平衡木、跳马、把杆、吊环、单杠等。大型固定器械的练习场所相对固定，不同的器械可训练不同的部位，能更好地刺激主要肌肉群。轻器械练习主要利用木棍、绳、橡皮筋、健身球等，可在家里或健身场所进行，简单实用，是普通人群练习柔韧性的良好选择。

（1）上肢关节。上肢关节是人体全身关节中活动范围最大的关节群，可以做屈伸、旋转和绕环等动作。上肢的柔韧性对于人们的正常生活和体育运动起着至关重要的作用。尤其是肩关节、肘关节的活动范围较大，如果韧带、肌肉对关节的加固欠缺，在运动中则容易出现损伤。

①各上肢关节简介。

手指和手腕在日常生活中使用最多，动作相对精细。一些运动项目对手腕的灵活性要求较高，通过基本动作的练习，建立正确的技术动作概念，既可以发展屈伸、内收外展的能力，又可以发展旋转的能力。过度疲劳，会导致关节僵硬，灵活性和精细操作能力下降。因此，在日常生活、学习中，要经常活动指关节和腕关节，保持其灵活性，这样既可以缓解疲劳，也可以增加其柔韧性，提高工作效率。

肘关节在人体中是非常重要的一个结构，它的组成比较复杂，大体由肱尺关节、桡尺近侧关节和肱桡关节构成。它是由内侧、外侧副韧带及桡骨环状韧带加固。肘关节在运动时屈伸动作较多，所以在发展屈肌力量练习的同时应配以屈肌的伸展性练习，主要采用压肘、旋内、旋外、绕环等练习方法。

肩关节是由半球形的肱骨头和肩胛骨的关节盂构成的球窝关节，所以肩关节是关节中最灵活、活动幅度最大的关节。它的加固主要靠喙肱韧带和三角肌。因此，通过肩关节的练习，可以增加肩部的肌肉力量和柔韧性。发展肩关节的柔韧练习主要有主动或被动地压肩、拉肩、吊肩、转肩等。

②练习方法。两手五指相触用力内压，使指根与手掌背向成直角或小于直角（见图 2－31、图 2－32）。

图 2－31

图 2－32

两手五指交叉，直臂，头上翻腕，掌心朝上，肩部后展、左右展（见图 2－33 至图 2－35）。

图 2－33

图 2－34

图 2－35

手指垫高的俯卧撑，也可以利用桌椅、台阶或面对墙倾斜站立，降低手指压力，连续做手指推撑（见图 2－36、图 2－37）。

图 2－36

图 2－37

两手分别从肩和背相握拉伸（在不能握到的情况下，可使用绳子辅助练习），然后用力拉伸。交换两手的上下方位继续拉伸（见图 2－38）。

图 2－38

两人互相以手搭肩，体前屈直臂压肩（见图 2－39）。

图 2－39

体前屈坐于垫上，双手后举或环绕帮助者躯干，帮助者握其两手向后上方助力拉（见图 2－40、图 2－41）。

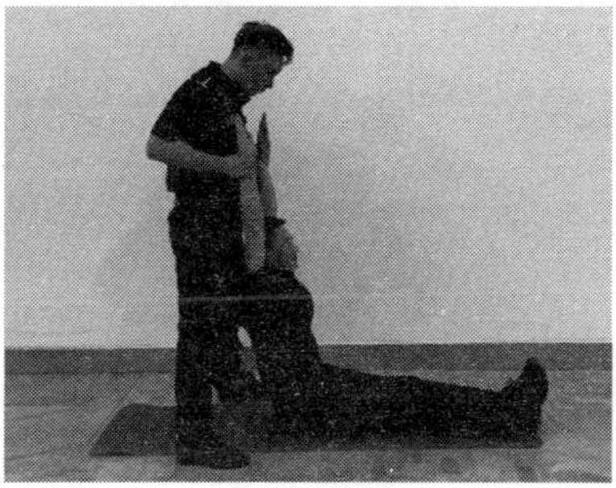

图 2－40

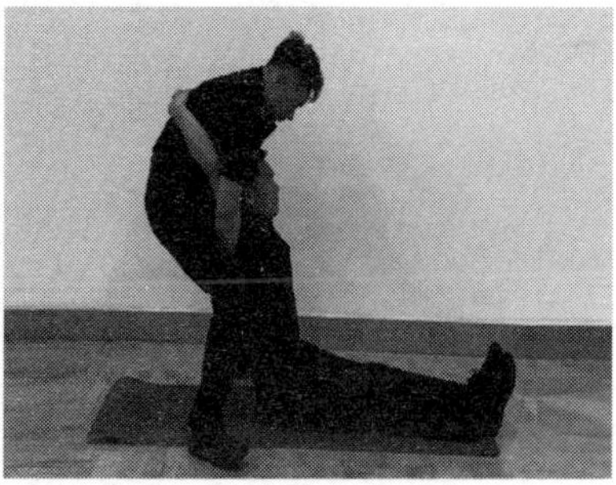

图 2－41

背向肋木或固定抓握物站立，双手反握肋木或固定抓握物，下蹲下拉肩（见图 2－42）。

图 2－42

（2）下肢关节。下肢关节包括下肢带关节（骶髂关节和耻骨联合）、自由下肢关节（髋关节、膝关节、踝关节）。

①各下肢关节简介。

踝关节由距骨上关节面、胫骨内踝关节面、胫骨下关节面及腓骨外踝关节面构成。踝关节主要发展背屈、背伸以及内翻、外翻的能力。踝关节前后韧带薄弱，而两侧的内、外侧副韧带较强。

膝关节由股骨远端、胫骨近端及髌骨后的关节面以及半月板构成，由内外侧副韧带、髌骨韧带、交叉韧带加固。膝关节是人体中最大、最复杂的关节，也是最容易受伤的关节。当膝关节受到较大的冲力成扭力时，韧带可能会撕裂，或因拉得太长，使膝盖骨脱位，并损及关节里的软骨。

髋关节由球形的股骨头与凹形的髋臼构成。由于髋臼较深，并有软骨形成的关节盂加大与股骨头的紧屈适应，虽然它是球窝关节，但运动幅度受到限制。通过髋关节的柔韧性练习，可以发展前后、左右开髋的能力。

②练习方法。发展膝关节、髋关节的柔韧性常结合在一起练习，

称为腿部柔韧练习。经常采用的练习方法有主动或被动地压腿、踢腿、摆腿、劈腿等。通过身体各环节的摆动，可以使韧带、肌腱和肌肉得到拉伸。摆动要有一定的速度和幅度，才会取得拉伸的效果。

坐式拉伸韧带：坐姿，两腿打开，上体向正前方下压，膝盖不要弯曲。感觉腿部韧带与后背有酸痛感，停止拉伸，并做两次深呼吸，慢慢恢复为起始动作（见图2－43）。

图2－43

卧式拉伸韧带：慢慢拉起绷直的左腿，膝盖不要弯曲，臀部与大腿肌肉绷紧，直到大腿与身体成直角后停止拉伸，做两次深呼吸，慢慢恢复为起始动作（见图2－44）。

图2－44

仆步压腿：两脚左右开立，一腿屈膝全蹲，另一腿挺膝伸直，身体向直腿一侧振压。练习时，左右腿交替进行（见图2－45、图2－46）。

图 2－45

图 2－46

（3）躯干。脊柱是人体运动的主轴，由 26 块椎骨组成，椎骨之间靠椎间盘连在一起。脊柱由多个椎体、多重关节、众多肌肉和韧带紧紧围绕。其中有 23 块椎体有椎间盘，椎骨之间由于椎间盘的弹性有少许转动，当肌肉牵动椎骨时，每一个椎骨少许转动的总合就使脊柱有了相当大的运动幅度。其活动有三维方向（前后、左右、旋转）和六个自由度（三个平动、三个转动）。

练习方法：进行脊柱灵活性的运动，颈椎柔韧主要采用头前后屈、左右侧屈、左右转动及绕环的练习；胸腰椎柔韧常结合在一起练习，主要采用下腰、甩腰、体前屈等练习。进行维持胸廓活动度的运动，如深呼吸、扩胸、拉胸运动。以颈、胸、腰、肩为支点，通过上肢及肩背部多关节、多角度同步运动，提高脊柱和脏腑周围软组织的平衡性，对颈椎病、腰椎间盘突出症、肩周炎、肺心病、脊柱侧凸等疾病有预防及辅助治疗作用。

2. 注意事项

（1）运动强度。柔韧素质的训练强度主要反映在动作频率、用力大小和负重量三个方面。柔韧练习必须学会轻柔，动作频率不宜太快，应采用中等或较慢的频率，否则极易拉伤。静力性伸展一般以关节附近的肌肉被伸展的主观感觉作为运动强度的指标，如果被伸展的肌肉有极轻微的疼痛感觉或轻缓的不适感，则表示已达足够的运动强度；若达很难忍受的痛觉，则预示运动强度过大了。借助外力进行被动练习时，用力程度应逐渐加大，并以练习者的主观感觉为依据。当练习者感到肌肉酸痛时，可减少用力；当感到肌肉胀痛时，可坚持一下；当感到肌肉麻痛时，则应停止练习。采用负重练习发展柔韧性时，负重量不能超过被拉长肌肉力量能力所能达到的50%。静力性拉伸负重可相对大些；动力性摆动动作时，负重应小一些。

（2）练习次数与时间。柔韧性素质发展相对较快，消退也快，因此训练要做到系统化、经常化。柔韧素质练习最好每天进行1～2次，每周至少3～5次，韧带完全拉开至少需要10～15分钟的柔韧性练习。每个动作达到合适的伸展强度之后，保持一个极限姿势30秒，放松休息5～10秒，每一个部位反复做3～5次，肌肉会由于这些简单的拉伸练习而变得更富有弹性。一般建议拉伸的极限姿势不超过30秒，否则可能会造成反方向的肌肉受伤。这种方式也是紧张运动后一种很好的放松，静压的方法会在相对长的时间内保持韧带的稳定柔韧性。最好再做一些协调性和肌肉力量的锻炼，协调性主要是通过多项练习得到提高，增加时间和空间感觉的控制能力。

（3）其他注意事项。在进行柔韧素质训练时，要根据不同的场地、器械、温度和自身的疲劳程度而灵活掌握与控制训练的强度，以避免产生运动损伤。每次训练前，都应当在热身准备活动后进行一下伸展练习。例如，进行静力性训练时，当肌腱、韧带达到最大限度时，切忌做猛力的下压动作；在气温比较低的情况下，应做好充分的准备活动，以降低肌肉组织的黏滞性；在运动的后半阶段，由于身体处于疲劳的状态，不宜进行动力性的柔韧训练。

比较动性伸展与静性伸展的特性可知，静性伸展在安全性和效果方面比动性伸展要好。原因是如果动性伸展的弹动力量控制不当，可能因肌肉过度伸展而造成拉伤。另外，动性伸展因快速弹动的关系，会引发被伸展的肌肉出现反射性的收缩，这会阻碍伸展的程度。

因此，柔韧性的保持或改善，一般人最适合采用的是静性伸展操，但也要注意动静结合。

第二节 警察一般运动技能体适能训练

一、敏捷性

（一）概述

1. 定义

敏捷性，即敏捷能力，通常被认为是快速改变方向的能力或全身迅速改变方向且四肢快速移动和方向改变的能力。它是力量、反应时间、动作速度、动力和协调等竞技要素的结合体。敏捷性亦指身体对刺激的反应，即当速度或者方向改变时所产生的快速的全身性运动。警察在群体性事件处置、嫌疑人抓捕以及日常处警中，都需要具备较好的敏捷能力。

2. 功能意义

敏捷性包含反应能力，反应能力由很多认知功能组成，如视觉处理、时机选择、反应时间、知觉、先发制人（见图2－47）。传统的敏捷性测试（如“T”字测试）缺乏对这些认知功能的测试，意味着它们仅仅是简单的转向速度测试（CODs）。敏捷性测试和转向速度测试的区别不仅仅是字面上的，它们是完全不同的运动表现，两者之间的联系很小。例如，在执法对抗的情境下，或者在警察体适能训练的对抗过程中，防御者对攻击者的突击动作的反应可以被定为敏捷性动作，因为需要基于攻击者的突然攻击动作作出反应。相反，如果训练者被要求按照指示跑完预先设计好的锥形筒摆放的路线（如“T”字测试），则去除了反应能力的成分，仅仅是简单的转向速度测试。正是由认知、身体素质和技术共同组成了敏捷性，这些独立的能力相互组合，加上敏捷性不可预知的本质，意味着敏捷性本身就是复杂和开放的运动技能。

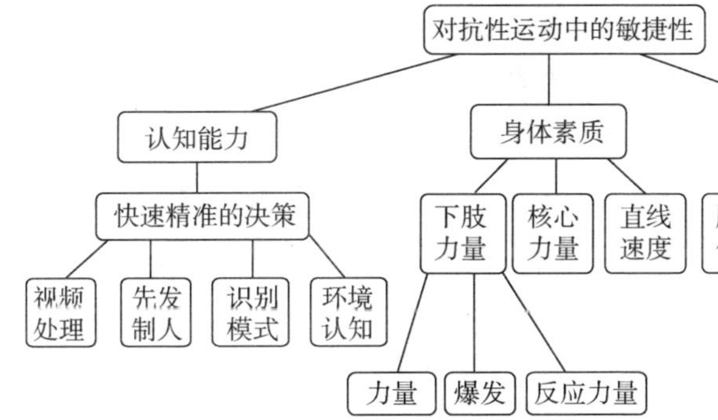

图 2 – 47

敏捷性一般表现在闪躲、穿梭跑、急跑、急停及快速改变身体位置的各种活动中。敏捷性可分为一般的敏捷性和特殊的敏捷性。一般的敏捷性如足球运动员左右盘球超越对方；篮球运动员的运球快跑、急停跳投；蹦床运动员在空中做急速身体转变的动作；橄榄球运动员抱球闪躲过人等。而特殊的敏捷性是指手和手臂做快速动作的能力，常听说有的运动员有一双“好手”或称其为“快手”，此时是指运动员能从事高度需要双手和手臂动作的活动，能以双手做完美的控球，或以双手很熟练地控制一种运动器材。警察体适能训练所需要的敏捷性既包括一般的敏捷性，也包括特殊的敏捷性，以便获得人体在专项训练和实战对抗中的控制能力，并能更好地掌控警械武器。

3. 重要性

敏捷性在大多数的运动中对成功的运动表现非常重要。以对抗性运动为例（如足球、橄榄球、曲棍球、冰球等），每支球队的目标是侵入对方的区域试图得分。在这些运动中，防守方试图通过攻击对手或者逼迫对方犯错从而赢得控球权。因此，攻击方的目标是避免被攻击，保留控球权并且创造得分机会。为了防止攻击方得分，防守方必须不断“先发制人”和对攻击者的动作作出“反应”。为了成功地做到这一点，防守方必须利用上述的认知能力，这些都是敏捷性的组成部分。

凡是在运动中需要正确急速改变整个身体或部分身体方位者，敏捷性至关重要；凡是在运动中需要不断做急速而正确改变防卫动作者，敏捷性亦至关重要。而以上均会存在于“无规则”、“突然性”和“开放式”的警察执法对抗环境中，这就需要进行相应的敏捷性训练，以促进一般和专项运动技能体适能的提高，增强一般处警以及应急处突等执法环境下的警务实战能力。

4. 影响因素

（1）体型。中胚型和中外胚型的人，敏捷性较高；外胚型和内胚型的人，敏捷性较差，但是也有例外的情形。

（2）年龄与性别。儿童的敏捷性随年龄的增长而呈上升趋势，12 岁以后进入急速生长期。急速生长期后，其敏捷性又随年龄的增长而稳定上升直至成熟期。男童在青春发动期前的敏捷性仅较女童略高一点，但是在青春发动期后，男性的敏捷性显著高于女性。

（3）体重超重或肥胖。体重超重或肥胖会降低身体的敏捷性，由于体重超重或肥胖者皮下脂肪较多，肌肉收缩的速度较慢，造成改变身体方位速度的减慢。

（4）疲劳。疲劳会使敏捷性的各构成要素如力量、反应时间、动作速度和动力等大为降低，甚至协调性的丧失。

（二）测试方法

敏捷性的测试方法如下：

（1）反应敏捷性测试——橄榄球联盟；

（2）反应敏捷性测试——篮球、网球；

（3）反应敏捷性测试——澳式足球；

（4）停止和前进反应敏捷性测试。

上述前三个测试全部使用“Y”形布局，投影仪/屏幕上播放运动员执行某种运动的视频片段，被测试的运动员需要对这些突然的动作作出反应。因此，这些测试要求运动员在面对刺激时作出改变方向的反应，同时以最快的速度移动（见图2－48）。

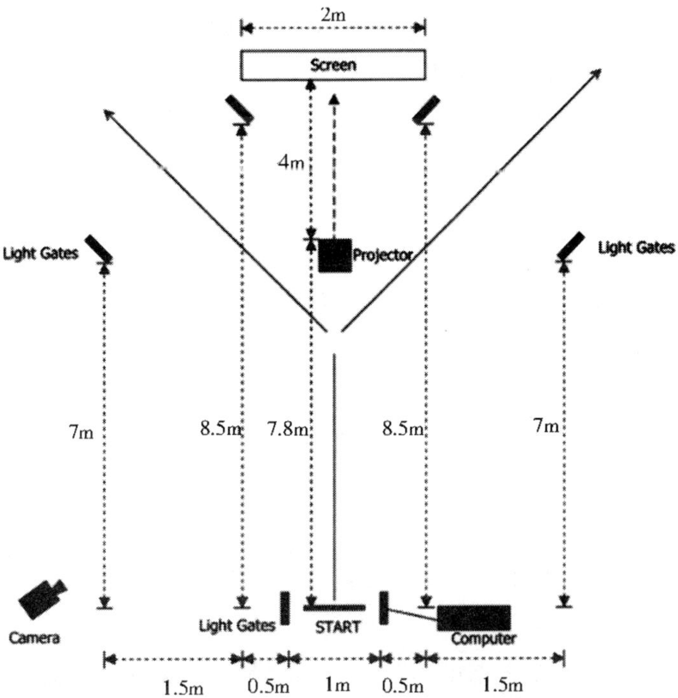

图2－48

虽然传统预先设计的敏捷性测试无法衡量敏捷性能力，但它们依然在测试组合中发挥着重要的作用。总结如下：

（1）敏捷性包含反应能力的组成；

（2）传统的敏捷性测试无法衡量敏捷性，应该被称为转向速度测试；

（3）敏捷性在高水平运动员和低水平运动员之间存在差别；

（4）转向速度测试在衡量力量优势和劣势的运动表现测试中依然是重要的工具。

（三）训练方法及手段

在敏捷性的训练中，要特别强调所从事运动动作的连贯协调性。运动时，如果缺乏控制身体惯性的力量，会造成敏捷性的降低。例如，一位体重 80 公斤的训练者，在活动中如需要急跑、快停改变身体的方位，则其必须具备很大的腿力，以便克服活动中的各种惯性。因此，腿部力量的增加有助于身体敏捷性的提高。此外，反应迟钝者、关节活动度不足者，其敏捷性往往较低，可通过特定动作的协调性训练，增强反应能力，提高身体的敏捷性。

敏捷性在大多数的运动中对成功的运动表现非常重要，足球运动中，从带球到传球与假动作，都体现出敏捷性的作用，可以说是运动员在比赛中获胜的关键。

在日常生活中，行动不灵活、敏捷性弱的人常常表现为动作僵硬迟缓。而灵活性较强的人，可以根据不同条件及时采取适当的动作，不易摔倒、不易受伤。下面简单介绍六种提高敏捷性的训练方法。

1. 绳梯动作练习

需要工具：绳梯，或者用粉笔在地上绘制一个绳梯，或者选择有方格地板的场地。

绳梯训练可以在欢乐中训练肌肉的强度与运动灵活度，又不容易受伤，从而达到提升运动敏捷度的目的。

训练方法：可以从高提膝向前跨过每一个格子开始，也可以在这个过程中不断改变规则，比如先左脚进第 1 格，再换右脚进地第 2 格，左脚进第 3 格。或者加速、突然地变向、减速急停、行进中的转身等。这种训练模式，可以极大地提升训练者的脚步移动速度、灵敏性、身体协调性等（见图 2－49 至图 2－52）。

图 2－49

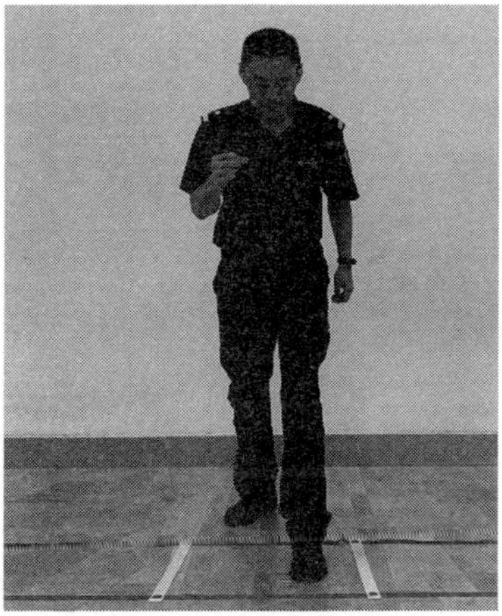

图 2－50

图 2－51

图 2－52

2. 栏架练习

需要工具：小栏架，也称为香蕉栏架（见图 2－53、图 2－54）。

图 2－53

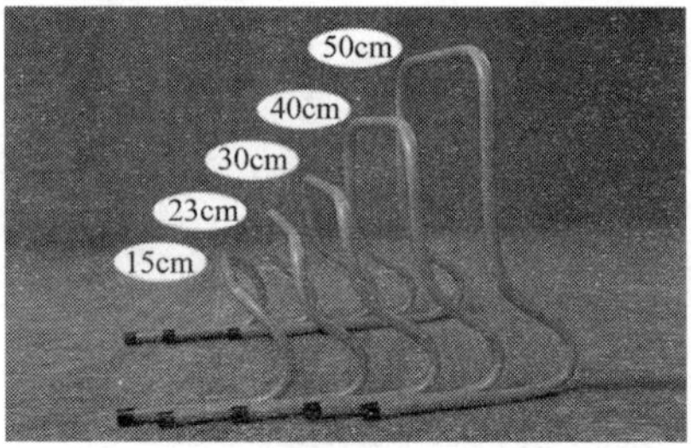

图 2－54

训练方法：使用 15－50 厘米高的小栏架，把 5－10 个小栏架排成一排，彼此平行。逐步跨越每一个小栏架，在这个过程中，可以设计不同的要求，如高频跑、高抬腿跑、正向栏侧单腿下压跑、双腿跳、双腿垫步跳、侧向跳等。当变得熟练的时候，可以尝试加快跨栏的步伐。

3. 敏捷球训练

需要工具：敏捷球（六角球）（见图 2－55）。

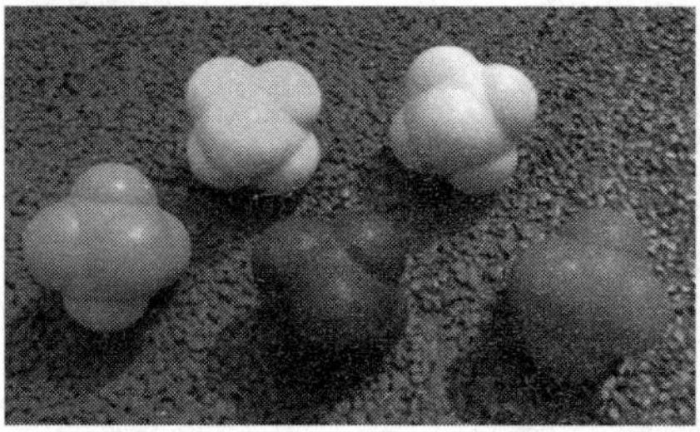

图 2－55

训练方法：如果是单人锻炼，可以先将敏捷球弹到墙上，然后用手接住；如果是和同伴一起训练，可以互相担任扔球和接球的人。因为敏捷球会弹跳到不同的方向，所以非常考验训练者的眼力、敏捷能力和预判能力。

刚开始练习时，可双手接球，然后尝试只用惯用手去接球，最后进阶到用弱手去接球。手眼协调活动有助于增加精神刺激，在接球的过程中，心脏和腿部都会得到很好的锻炼。

4. 气球训练

需要工具：不同颜色的气球。

训练方法：使用两个不同颜色的气球，选择一个击打的顺序（例如，先黄色后蓝色）。单独或与同伴一起，让气球保持在空中的同时，按照所选择的顺序击打它们。如果想尝试更多的挑战，可以在每个气球接触之间做一个体重蹲（深蹲），然后击打下一个气球。如果感觉到很兴奋，试着在每个气球接触之间做一个俯卧撑上纵跳，记住，要按顺序击打气球，不要让气球碰到地面。为了增加训练乐趣，可以适当增加气球的数量和颜色。

5. 圆锥体训练

需要工具：圆锥体，数量可以自己设置（见图 2－56、图 2－57）。

图 2－56

图 2－57

训练方法：在所示的模式中摆置五个圆锥体，使用若干个字母或数字，选择一个触摸顺序，创建触摸模式。根据自己的身体健康状况，可以选择步行、跳跃、慢跑或短跑等动作模式。如果是和同伴一起进行训练，可以指定好时间来完成。例如，15 秒内参与者必须把代表该若干个字母或数字的圆锥体按顺序全部触摸完。

6. 健身球训练

需要工具：一个中等大小的健身球。

训练方法：使用一个中等大小的健身球，与一面稳固的墙保持0.6～1.5米的距离站立，具体可视自身手臂的长度而定。横向移动3～6米，将健身球扔向墙壁（见图2－58、图2－59）。当做健身球胸部靠墙传球时，反转方向并横向移动至起始位置。

图2－58

图2－59

二、平衡性

（一）概述

1. 定义

平衡性是身体素质的一种，是指抵抗破坏平衡的外力，以保持全身处于稳定状态的能力。可以说，人的任何运动都是在维持身体平衡的状态下进行的，尤其是大肌肉的活动，更需要有较好的平衡能力才能胜任。发展平衡能力，有利于提高运动器官的功能和前庭器官的机能，改善中枢神经系统对肌肉组织与内脏器官的调节功能，保证身体活动的顺利进行，提高适应复杂环境的能力和自我保护的能力。发展平衡能力一般可以通过静态的平衡活动和动态的平衡活动来进行。

2. 功能意义

核心肌肉是指环绕在身体躯干周围的肌肉，包括腹肌、髋部肌群，与脊椎、骨盆联结的肌肉。当我们的手和腿活动的时候，这些核心肌肉会帮助身体保持稳定和正直。也有人称这些肌肉为“能量来源”（Power House）。因为整个人体排列就好像一个运动链，而核心部位连接了人体的上下两个部分，好像是一座桥。如果这座“桥”出现了问题，那么很有可能会导致上、下半身乃至整个运动链出现问题。

在核心肌肉中，有两部分肌肉需要特别关注。一是腹横肌，即四块腹肌中最深层的肌肉，其肌肉纤维是横向的，所以当它收缩时，好像腰带一样，压缩内脏，给背部以支持。强有力的腹横肌对于预防腰背损伤和提高运动表现有非常重要的作用。有一个很好的方式可以体会到哪里是深层的腹肌，当你大笑时，下腹部向内收缩震动的部位就是腹横肌。二是骨盆底部肌肉。这些肌肉联结在骨盆的底部，由多层肌肉交错构成，收紧这些肌肉时，可以增大腹内的压力以及协助收缩腹横肌，从而起到稳定身体的作用。

3. 影响因素

（1）年龄。平衡能力与年龄的相关性呈复杂的曲线关系。动态平衡功能下降，突出表现在人体移动功能显著下降；静态平衡功能下降，则与前庭功能和肌力下降有关。

（2）体重。体重对于平衡能力的影响主要有两个方面：一是由于较大体重的持续压迫，使足底机械感受器超活化，导致足底敏感性下降；二是由于较大的体重本身及身体质量的分布比例需要一个更大的转动轴，导致了一个更大的重力距。为了保持身体直立，必须有足够的肌肉力矩抵消重力距，导致了姿势稳定性的下降。

（3）前庭器官。前庭器官是人体对自身运动状态和头部在空间位置的感受器。有研究表明，当躯体感觉和视觉信息输入均被阻断或输入异常时，前庭感觉输入在维持人体平衡方面变得至关重要。

（4）本体感觉。本体感觉是指肌、腱、关节等运动器官本身在不同状态（运动或静止）时产生的感觉。加强专项的本体感觉训练对身体的平衡能力有显著的促进作用。

（5）肌力。下肢肌力与人体直立姿势的稳定性有着密切关系，增加下肢肌肉力量可以延缓平衡能力的下降。核心稳定性训练能够提高人体在非稳态下的控制能力。

（二）训练原则

平衡运动是锻炼身体平衡能力的一种运动，需遵循以下几个训练原则：

（1）锻炼时身体的支持面应由大逐渐到小。

（2）身体重心由低逐渐到高。

（3）由视觉监督练习逐渐过渡到闭目练习。

（三）训练方法及手段

1. 平衡垫站立

单足站立于平衡垫或软垫上，保持身体稳定。进一步还可以将眼睛闭上，这样对于本体感受神经的刺激会更为强烈，会给核心稳定带来更多的挑战（见图 2－60、图 2－61）。

图 2－60

图 2－61

2. 单腿蹲

单腿站立，屈髋向下蹲，保证支撑脚全脚掌着地。可进一步增加难度，站在平衡垫或软垫上完成下蹲动作（见图2－62、图2－63）。

图2－62

图2－63

3. 平衡垫俯卧撑

将平衡垫放在地上与肩同宽的位置，两手放在平衡垫中心，进行俯卧撑的动作。身体从头到脚保持一条直线，下落到肘关节成90°角，起来时注意肘关节不要超伸（见图2－64、图2－65）。

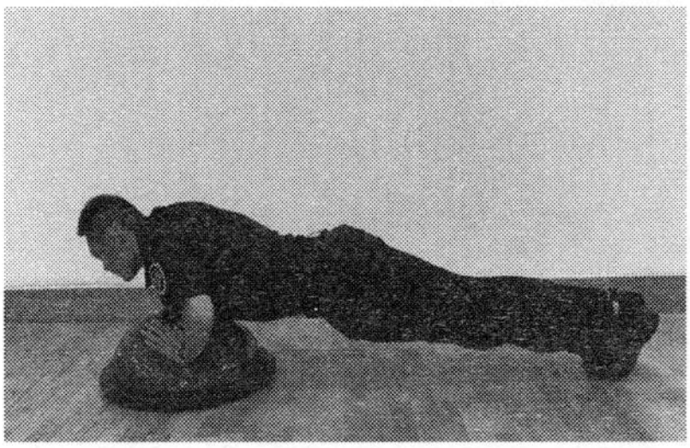

图2－64

图2－65

4. 平衡垫平衡式

坐在平衡垫或软垫上，以尾骨支撑保持平衡。双手撑在身体后侧，腰腹肌肉收紧，慢慢抬起一条腿，再抬起另外一条腿，两手离开地面。腰背要伸直，保持平衡（见图2－66）。

图2－66

5．跪球平衡

腹部收紧，用手扶好球，控制身体稳定，跪上球，同时夹紧大腿，两手交叉放于胸前，保持平衡（见图2－67）。

图2－67

三、协调性

（一）概述

1. 定义

协调性或称协调素质，是人体自我调整，完成流畅、准确且有控制的随意运动的一种能力。其含义包括按照一定的方向和节奏、适当的力量和速度以及达到准确的目标。“协调”本身是抽象的，但因它存在于一切运动当中，故又可通过形象的动作直观地体现出来。运动协调是相互联系着的器官系统共同参与的整体运动，有学者提出了“运动协调”动力结构模型框架（见图2－68），以此表明产生运动的各个要素之间所形成的纵横交错的协调关系。

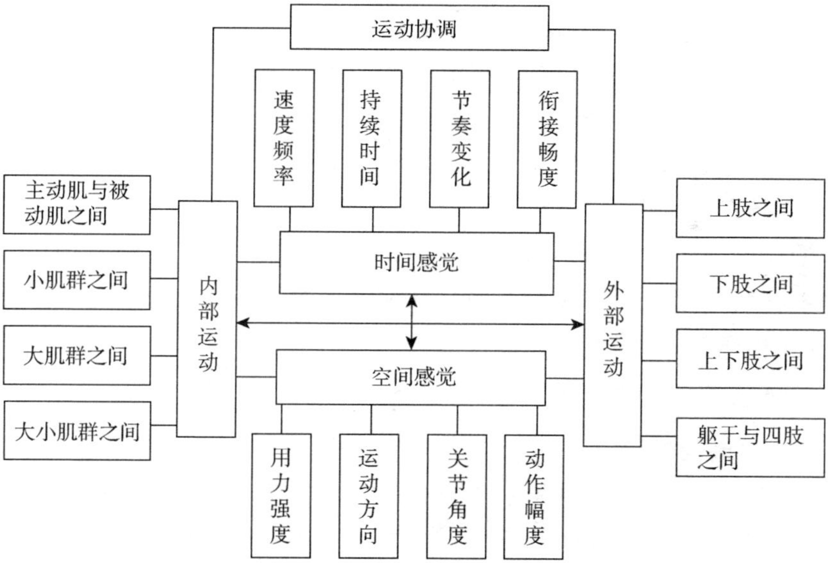

图2－68　“运动协调”动力结构模型框架

2. 功能意义

协调性是影响运动能力的重要因素之一。发展协调能力，有助于提高技术动作质量和运动成绩。“协调”将紧张与放松、严格与宽容、专一与全面、健与美辩证地融为一体。提高对协调的认知水平，树立科学的协调训练观，可以减少无谓的体力付出和精力消耗，使运动训练的时间、内容和负荷安排更加合理，促进运动训练的效率大幅度提高。

3. 影响因素

（1）交互抑制——支配动作反面肌肉的神经冲动之抑制或阻止。

（2）力量——反面肌肉的放松与收缩。

（3）耐力——疲劳的出现对精致动作有影响。

（4）心智练习——提高精神集中力。

（5）本体感受器——对位置肌肉关节的张力感受。

（二）训练原则

（1）由易到难，循序渐进：动作的练习由简单到复杂。

（2）重复性训练：每个动作都需要重复练习，才能起到强化的效果。

（3）针对性训练：对具体的协调障碍进行有针对性的训练，这样更具有目的性。

（4）综合性训练：除了协调训练，还要进行其他多项辅助训练，如身体力量训练、平衡感训练、体能训练等多项身体素质训练，从而更快地提高身体的协调性。

（三）训练方法及手段

1. 虫爬

身体自然站立，两脚分开与肩同宽，保持不动，手掌撑地慢慢向前移动至身体与地面平行，稳定后，双手撑地姿势不变，膝盖绷直，前脚掌着地，手臂沿地面慢慢向前伸展，脚掌缓慢向前靠近手掌，像毛毛虫一样向前行进，依次进行，完成一段距离的爬行（见图2－69、图2－70）。

图 2 －69

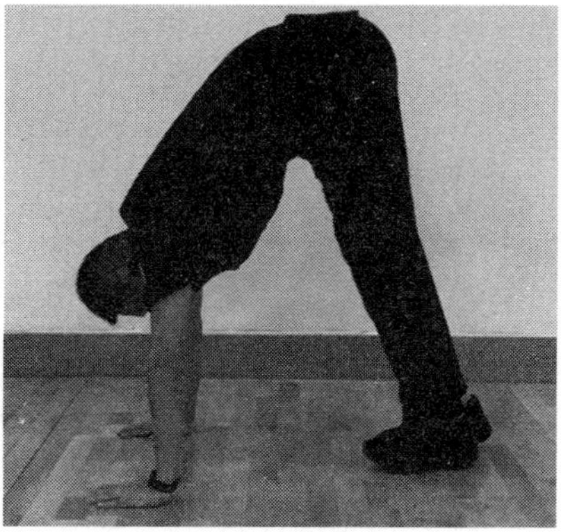

图 2 －70

要点：身体与地面平行时，腰腹挺直发力；膝盖全程绷直，尽量不要弯曲。

2. 熊爬

双手、双脚撑于地面，像是婴儿爬行的姿势，双膝不跪地。前进时以侧边手脚做移动（右手左脚一起动），一步一步向前移动（见图 2 －71、图 2 －72）。

图 2 －71

图 2 －72

要点：做动作时保持腹背挺直，主要前进力量为双脚推进。

3. 双手撑地挺髋前/后（左/右）移动

从站立姿势到两手两脚同时着地，面部、胸部、腹部朝上，背部朝下，两手臂伸直，膝盖弯曲 90°，大腿与地面平行，小腿与地面垂直，腰腹、肩膀与地面平行，双手反向撑地，小步向前/后（左/

右）移动（见图2-73、图2-74）。

图2-73

图2-74

要点：身体保持绷紧状态，向前向上挺髋，四肢放松，小步向前移动，重心不要起伏。

4. 跳起转髋

身体自然站立，引臂向上纵跳，同时髋关节左右摆动，缓冲落地。转髋时，可先左后右，而后先右后左，如此往复（见图2-75、图2-76）。

图2-75

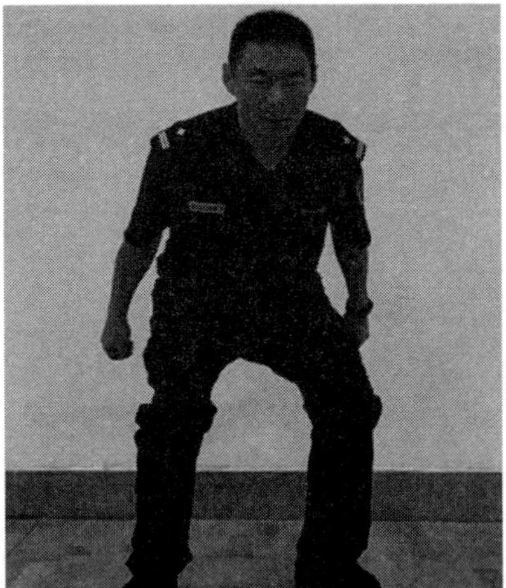

图2-76

要点：摆动部位为髋关节及其以下部位；保持躯体平衡，注意落地缓冲。

5. 跳绳

身体直立，目视前方，两手持绳向前摆，两脚并拢，手脚协调进行跳跃（见图2－77、图2－78）。

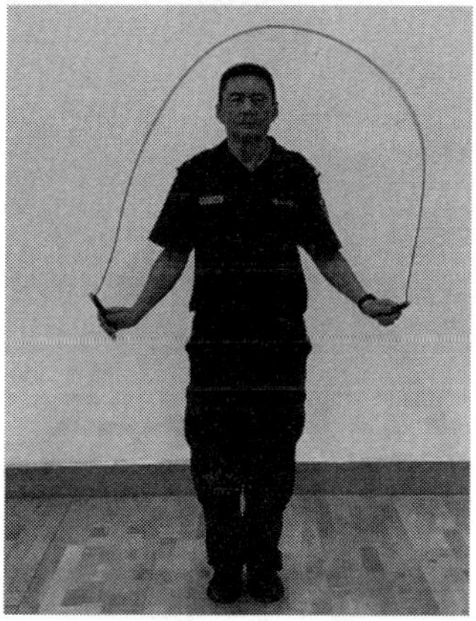

图2－77

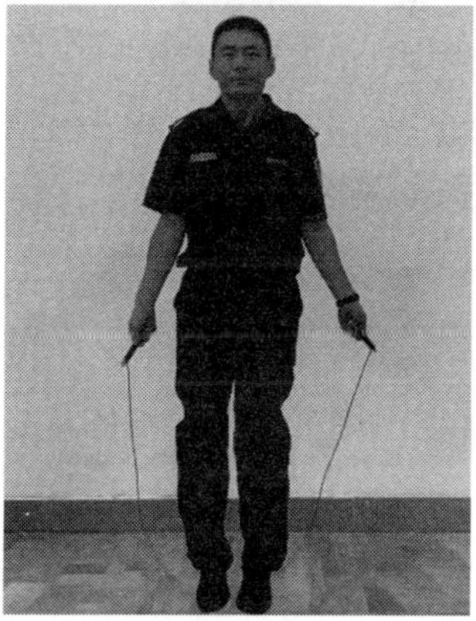

图2－78

要点：踝关节发力弹跳，前脚掌落地有弹性。

6. “米”字跳

身体成站立姿势，两手放于腰间或自然放于体侧，腰背挺直，双脚成弓步，在地上以弓步跳的形式“写”出一个“米”字，依次顺序为：左脚前弓步、右脚前弓步、左右脚成45度弓步（左脚位于左上45度，右脚位于右下45度）、右左脚成45度弓步、两脚位于水平线位置。五次跳跃为一组，完成“米”字跳跃（见图2－79、图2－80）。

图 2－79

图 2－80

要点：注意顺序，身体重心要尽量低。

四、反应时间

（一）概述

反应时间（reaction time）与反射时间（reflex time）、动作时间（movement time）、反应动作时间（response time）存在一定的联系，但是彼此并不相同。反应时间是指从刺激作用发生到引起机体外部反应开始动作之间的时距。反应时间包含以下四个时段：刺激的开始；第一潜伏期，此为受纳器的传导过程；第二潜伏期，此为感觉神经的冲动传导至运动神经纤维的中枢传导过程，也可称其为思考时间（thought time）；肌肉收缩前的动作延滞过程。另有学者认为，反应时间应包括：接受刺激的感觉时间；决定时间，亦即思考时间；动作时间，亦即动作的开始时间。

反射时间为一种较短的反应时间，即反应时间中减去思考时间或决定时间（decision time）的过程。在反射动作中，神经冲动沿感觉神经，经过反射弧（reflex arc）再经过运动神经而至肌肉的过程，亦即反射弧直接将感觉神经冲动传给运动神经的过程。反射有两种：

一是先天的反射，二是条件的反射。先天的反射为一种在无意识的控制下，给予一定刺激而可预测其反应的过程，此种反射必须由感觉神经开始，而在对刺激的意识知觉前，运动神经通常已开始作用，如果机体注意到刺激，反射动作的产生应不受任何干扰，否则会成为有意的控制。由学习而得的各种反射称为条件反射（conditioned reflex），如果一个人学着对相同的刺激作出自动的相同反应，此反应即逐渐成为条件的反射，故而意识动作能使之成为条件的反射动作。

1. 定义

动作时间的开始为反应时间的终了，动作时间为动作开始到动作结束之间的时间。反应动作时间为反应时间与动作时间之和，是指刺激开始到动作结束之间的时间。

2. 功能意义

运动员的成功运动表现在很大程度上取决于其迅速反应的能力。就运动员的表现而言，通常要求运动员能够迅速地减速，迅速地加速。运动员若拥有更快的反应速度和更好的反应时间，通常会保持竞争优势。

通常用“速度”、“快速性”以及“即时性”来形容反应速度，即一个对象的移动速度或在一定量的时间内行进的距离。当运动员在较短的时间内完成任务或移动时，则被形容为快捷。

3. 影响因素

（1）年龄与性别。儿童期的反应时间较慢，其后随着年龄的增长而进步，在大学阶段达到最高点。另有研究发现在高中阶段的反应时间尚未达到最高程度；反应时间的进步，一直随年龄增进到 30 岁左右，其后反应时间的潜伏期逐渐加长，但是即使在 60 岁时，其反应时间仍较 10 岁时快。

男性的反应时间较女性略快，在一项四肢运动反应时间的研究中，发现女性的四肢反应速度较慢，但两者的差异较小。

（2）准备状态。反应时间受个人反应的预备程度影响，基于对短跑选手的研究发现，对动作的假想或期待，在对刺激做实际反应前，使参与动作的肌肉处于准备状态。在一项关于肌肉伸张、紧张和放松对反应时间的研究中，有学者发现肌肉处于紧张状态者较肌肉处于放松者的反应时间快7%。

（3）准备信号的影响。如果在刺激前1.5秒到8秒给予准备信号，使其注意力集中于一种刺激，并使其肌肉对刺激信号做出快速反应的准备，则可以缩短反应时间。

（4）刺激的强度。增加视、听、温度及刺痛的刺激强度，可以缩短反应时间。当刺激强度增加到一定程度时，反应时间的缩短速度减小，甚至停留在某一水平，反应时间渐进于一个极限。超越这一极限，不但不能缩短反应时间，甚至还会导致反应迟缓。

（5）刺激受纳器的多少。接受刺激的受纳器越多，反应潜伏期越短，因此反应时间也就越短，光、声和震等联合的刺激能使反应速度增快。如果刺激信号过于复杂，会使反应迟缓，而比较容易理解的刺激信号，会缩短反应时间。另有研究结果指出，两个接近的连续刺激，会造成第二个刺激的延滞反应。

（6）运动训练。参加高水准技能竞赛的运动员，其反应速度较非运动员快；短距离径赛选手的反应时间较长距离径赛选手快。这一般是由于运动训练的影响，但我们不能以运动训练来解释所有运动员与非运动员间的差异。

（7）膳食。在早餐对反应时间的影响研究中，研究者指出，进食清淡早餐者较早餐仅喝咖啡者，其反应时间略短；而早餐仅喝咖啡者较早餐进食大量食物者，其反应时间略短；不吃早餐者，会出现精力不集中、反应能力下降等情况。在任何情况下，酒精会使反应时间延长。

（8）疲劳状况。生理的疲劳会使反应时间延长，疲劳状况达到相当大的程度时会使反应迟缓。还有一些研究结果指出，当受试者在注意和识别刺激时，缺乏睡眠对反应时间几乎没有影响。

（9）重量训练。阻力大的等张收缩训练可使反应时间进步13%，而阻力大的等长收缩训练可使反应时间进步6%，阻力小的运动对反应时间无影响。

（10）反应时间的特属性。身体一部分或某一动作的反应时间，具有特属性或一般性。四肢动作的反应时间，有其高度的特属性，比如，一个人手臂的反应很快，而其双腿的反应可能很慢，也可能对某一种手臂动作的反应快，而对另一种手臂动作的反应很慢，因此，不能简单地说一个人的反应快或是慢。

（二）训练方法

1. 信号刺激法

利用突然发出的信号，提高训练者对简单信号的反应能力，如利用光、声（鼓掌）信号让训练者做出相应的反应动作。这种训练方法对初学者的效果非常显著，但对有一定训练水平的训练者来说效果一般。

2. 运动感觉法

运动感觉法的运用一般要经过三个阶段。第一阶段是让训练者以最快的速度对某一个信号做出应答反应，然后教练员把所花费的时间告诉训练者；第二阶段是让训练者继续以最快的速度对某一个信号做出应答反应，由训练者自己估计做出应答反应花费了多少时间，然后教练员再把训练者实际所用的时间告诉他，训练者将实际所花费的时间与其感觉所用的时间进行比较，进而提高对时间感觉的准确性；第三阶段是教练员要求训练者按事先规定的时间去完成某一反应的训练，这种训练可以提高训练者对时间判断的能力，进而提高反应速度。

3. 移动目标法

训练者对移动目标能迅速地作出应答反应，一般要经过看或听到目标移动所发出的信号，判断目标移动的方位及速度，训练者选择自己的移动（应答）方案和实现行动方案四个步骤。其中，判断目标的移动方位及速度的正确与否，会导致所选择行动方案的正误。因此，这是训练的重点。随着训练水平的提高，在目标移动的设计上可加大难度，如缩小目标与训练者之间的距离等。

4. 选择性训练

具体做法是：随着各信号复杂程度的变化，让训练者做出相反的应答动作。例如，教练员喊蹲下同时做下蹲动作，训练者则站立不动；教练员喊向左转，训练者则向右转；教练员喊一、二、三、四中的某一个数字，训练者及时做出相应（事先规定）的应答动作。

五、速度

（一）概述

速度与反应时间虽然存在某种程度的相关性，但是二者之间仍然存在着显著的差别。一位动作速度极佳的选手，其反应时间可能很慢；相反地，一位反应时间极快者，其动作速度也许并不理想。然而，速度与反应时间还是存在某种程度的相关性，故而将二者归于同一章中加以讨论。

1. 定义

速度是指身体或身体某一部位在单位时间内产生的位移距离。运动速度表现出一个运动动作完成过程中的时间与空间关系，反映出运动时间和空间的综合特征，通常与移动的路线、距离、幅度和时间有密切关系，常用单位为米/秒。

2. 功能意义

速度对于完成运动动作有着重要的作用。首先，速度不仅是完成各种运动动作的重要条件，而且是影响动作质量的重要因素。不同的运动动作对速度的要求不同，有的动作要求速度快，如短跑；有的动作则要求速度慢，如太极拳。有时速度直接影响运动成绩，如跳远起跳的速度；有时速度会影响动作质量，如投掷出手的速度。因此，要根据运动的特点和性质来确定适宜的速度，才能提高动作的质量和效果。其次，速度是改变动作强度以及影响负荷的重要因素。一般来说，在达到一定速度阈值的情况下，运动速度和人体的负荷成正比。在同一个运动动作中，完成的速度越快，负荷就越大；完成的速度越慢，负荷就越小。

3. 影响因素

（1）肌肉长度。研究表明，一肌肉纤维较另一肌肉纤维长十倍时，且此二肌肉纤维在肌肉中的其他条件相同时，长肌纤维的收缩速度较短肌纤维的收缩速度快十倍，也就是说，长纤维的肌肉在速度上较短纤维的肌肉有利。

（2）作用力与加速度。牛顿第二运动定律指出，物体的加速度与作用力成正比，当作用力加倍时，其加速度的比率也加倍。因此，短跑选手可以增加其作用于地面的力来提高其加速度的比率，游泳选手可以增加其踢水或划臂的作用力来提高其加速度的比率。论及加速度必须了解，肌肉收缩产生作用力，收缩力越大，其所消耗的能量越多，肌肉收缩的能量消耗随肌肉收缩速度的立方而改变，如果甲肌肉的收缩速度为乙肌肉的 2 倍，则甲肌肉的能量消耗为乙肌肉的 8 倍；如果甲肌肉的收缩速度为乙肌肉的 3 倍，则甲肌肉的能量消耗为乙肌肉的 27 倍，在耐力性运动项目中，练习者可以据此来决定是否应该加快其速度。

（3）空气阻力和水阻力。空气及水的阻力为负作用力。空气或水的阻力随速度的平方而改变，如果身体行进的速度增加为 2，则空气及水对其的阻力增加为 4；如果身体行进的速度增加为 4，则空气及水对其的阻力增加为16，因此，如果一游泳选手在水中划臂的速度为2m/s，其受到一定量的水阻力，当其划臂速度增加到4m/s时，其受到的水阻力为其划臂速度2m/s的4倍，故其划臂力量要增加4倍，但是此4倍的划臂力量并不能增加其前进速度的4倍，因为水的阻力为其增加速度倍数的平方，即其移动的越快，其受到的阻力较其速度比例的增加越大。

（4）速度与作用力。由研究获知，当肌肉收缩的速率增加时，肌肉收缩产生的作用力减少；当肌肉收缩的速率为零时（即等长收缩时）能产生最大的作用力。同样地，当肌肉的作用力为零时（即无阻力时），肌肉收缩的速率达到最大；当肌肉的作用力增加时，其收缩的速率相应地减低。

（5）年龄与性别。一般而言，男子的速度在各方面均呈增加趋势，直到20岁左右；之后呈逐渐下降的趋势。女子最高速度的到达年龄较早，约为16岁。男子速度最高峰的维持时间较长，而女子反应时间的高峰期则较男子为长。从快跑及游泳运动速度项目的记录显示，女子具有男子速度的85%。也有研究指出，女子身体各部位的动作速度为男子的85%，这可能是由于力量差异所致，因为力量影响速度，而男子的力量较女子为大。

（6）温度。肌肉温度每升高2℃，肌肉收缩的速度可提高20%。肌肉收缩速度的提高，可以电热法或其他各种使深部肌肉温度提高的方法来达成。

（7）力量。许多研究指出，静态肌力与小阻力动作的速度间，其相关度并不高，而动态肌力与速度的相关度较静态肌力为高，当阻力提高时，力量对速度的影响力增加，因为较高的阻力在快速度下需要力量来加以克服。另有研究指出，力量的增加可以提高动作的速度，增加力量与跑步速度间存在着一定的相关性。

（8）柔软度。柔软度（特别是髋关节的柔软度）如受限制或者关节活动低于正常的范围，将对跑步速度产生阻碍，因为当动作超越自身柔软度的极限时，拮抗肌的作用会使活动的阻力增加。

(9) 体型。速度与体型的关系很难加以测定，故而只能说，肥胖型的人，其跑步速度较慢；而中外胚型的人为速度型者，但也有一些例外情形。

(10) 不同状况对速度的影响。

①阻力小而简单的动作。肌肉的生理化学及生物化学的各种特性，为速度的首要影响因素；神经肌的协调性和力量的大小，为速度的次要影响因素。

②阻力小而复杂的动作。肌肉的协调性及各种不同动作间的协调性，为速度的限制因素。

③阻力大而复杂的动作。肌肉的协调性和力量的大小，为速度的主要影响因素。

(11) 身体力学作用于跑步速度。从动作的影响进行分析显示，良好的冲刺快跑，其特点为提膝较高、步幅较大且步点踏于身体重心下的直线上，跑步时的作用力能适当而有效地直接作用于前进方向，特别是腿的动作要做直线前后移动，手臂和肩部的动作应直接拉向身体要前进的方向，身体抛射的角度应使身体产生最大的速度。

身体不正确的力学作用，会导致负作用力的产生。例如，跑步时双脚向外，会产生三种不利的结果：第一，由于脚部向外所踩的距离较短，故而每一步幅会损失约两厘米的距离。第二，由于脚部向外，使大足趾外的四足趾的推进力减小。第三，由于脚部向外，脚的推进力不是直线向前，造成斜向的推进力。跑步时，各种不正确的力学作用，都会造成各种力的浪费，进而影响跑步的速度。

(二) 训练方法

速度是对质量用力的结果。对于人体动作而言，身体或身体的某一部分代表质量，而肌肉的收缩则代表作用力，当作用力大于阻力时，动作随之而产生；当作用力加大时，力作用于质量，其动作的速度也会相应的提高。

速度中的作用力有正负两种，正作用力是由肌肉收缩而产生的，负作用力是由摩擦阻力、空气阻力、地心引力及惯性而产生的。美国运动生理学家 Dr Vries 曾计算出，一个人跑步时所受到的负作用力为 3.45 马力，其中，地心引力 0.1 马力，速度的改变 0.5 马力，四肢的加速度 1.68 马力，四肢的减速度 0.67 马力，空气阻力 0.5 马力。这说明当一个人跑步达到一定的速度并想要维持这一速度时，需要提供 3.45 马力的推进力。当速度加快时，其阻力随之增加，要维持更快的速度，需要有更大的推进力。因此，速度的增加可以通过减少负作用力或增加正作用力来达成。

1. 减少负作用力的方法

有些负作用力是恒定不变的，而有些负作用力是可以改变的。质量（重量）代表地心引力，并且是恒定不变的，除非质量增加或减少；速度的改变是一个重要影响因素，并且很容易加以控制，速度的改变会造成能量的浪费，对全程的速度有不利的影响；四肢加速或减速的负作用力，只能做有限度的控制，减少不必要的浪费动作，可以提高必要动作的效率；空气或水的阻力有时可通过身体姿势的改变而加以减少。每一种速度的影响因素，都有减少负作用力的各种可能性，在运动训练中应区别对待并加以分析，以便找出减少负作用力的对策。

2. 增加正作用力的方法

增加正作用力，应当考虑肌肉收缩的内部速度、肌肉能用以对抗阻力之力的大小、协调性、动作时的杠杆作用等因素。

肌肉收缩速度的快慢因肌肉组织的不同而异，即使将肌肉离体加以人工刺激，不同的肌肉其收缩速度也不相同。有研究者认为，肌肉收缩的速度，可以通过快动作的反应练习而增加；经过一段时间的反复练习后，可以增强肌肉的神经支配功能，提升肌肉收缩的效率。

动作的速度与肌肉收缩的速度成正比。动作本身就是对抗阻力的过程，即使此种阻力为身体某一部分的力量也是如此，因此，肌肉收缩的力量能影响动作的速度。当肌肉收缩的力量增加时，则阻力影响速度的作用即减少。当外在阻力很小时，肌肉收缩的力量对速度的影响很小；当外在阻力加大时，肌肉收缩的力量就会对速度产生较大的影响。

协调性的增加，可以提高特定动作的速度。当作用肌与拮抗肌的协调性增加时，拮抗肌对作用肌收缩力量的阻力就减少，故而降低拮抗肌的张力，速度就能提高，推迟运动疲劳的出现。

运动时，身体动作为各种杠杆功能的组合，并且可以改进此等杠杆作用。假如关节运动的角速度不变，那么，杠杆末端的速度与杠杆的长度成正比。因此，将身体的杠杆按技术动作的要求调节到适宜的长度，可以提高动作速度。也就是说，如果甲杠杆的长度为乙杠杆的两倍，而此杠杆以其支点（关节）作用于相同角速度的转动，则甲杠杆末端的速度为乙杠杆末端速度的两倍。例如，上臂传球时，手部要从肩上通过，如缩短杠杆，使手部靠近肩部通过，则球的速度将大为降低。为取得最高速度，角速度与杠杆的长度要配合适当，并注意角速度的快慢取决于克服外在阻力的肌力的大小。

3. 影响跑步速度的特殊因素

步幅与单位时间的步数（步频），决定了跑步速度的快慢。因此，要增加跑步速度，就必须增大步幅或步频，或使之同时增加。步幅的长短主要取决于腿的长度和腿的动力，而步频取决于肌肉收缩的速度和神经机的协调能力。

短距离冲刺快跑主要为动力的表现，取决于双腿交替产生快速而有力推动身体前进的能力的大小。一般而言，可通过以下三种方法来提高跑步速度：一是加强腿部伸肌的动力，以提高推进力；二是做最快速度跑的练习，以提高各种动作间的协调性；三是改正跑步力学作用上的各种缺点。

快跑时，双腿交替的速度为每秒 3.10 ~ 4.85 次；而踏自行车时，双腿交替的速度为每秒 5.5 ~ 7.1 次，说明快跑时双腿的交替未达到最高速度。有研究指出，快跑的主要限制因素为步长，而非双腿交替的频率；步长可由动力的增加而增加，腿的动力为快速提供更大作用力的能力。

六、爆发力

（一）概述

1. 定义

爆发力是指不同的肌肉间的相互协调能力、力量素质以及速度素质相结合的一项人体体能素质。

2. 功能意义

要发展爆发力，必须增大肌肉的收缩力量和工作距离，缩短工作时间。进行力量训练时，要以小负荷的机械做快速运动，在不降低速度的情况下，逐步增大负荷，提高肌肉的收缩力量。力量的增大，能增强对技术的控制能力，所以在日常训练中，不但要在技术上下功夫，还要在增加爆发力、提高肌肉的收缩速度上下功夫。

实践证明，高强度的爆发力是提高成绩必不可少的因素。

爆发力可区分为下列三种 ：

一是高爆发力（high power），即 30 秒内的运动。

二是中爆发力（middle power），即 30 秒至 5 分钟的运动。

三是低爆发力（low power），即 5 分钟至 15 分钟的运动。

根据此种区分方式，肌力与速度属于高爆发力，肌耐力属于中爆发力，耐力属于低爆发力之范围。也就是说，大多数的运动皆需要爆发力。

3. 影响因素

（1）变换负荷与速度。

（2）加强专业技术训练，提高肌肉的控制能力和动作发力前的放松能力。

（3）肌肉的初长度，只有拉长的肌肉收缩时才有更快的速度和力量。

（4）力量练习后的放松练习。

在影响爆发力的因素中，力量起主导作用，因此，力量的增长有助于爆发力的发展。但力量绝不等于爆发力。也就是说，在实战中，并不是有力量就能把技术运用好。例如，一名柔道运动员，必须将基本力量与速度、技术、灵敏度协调地结合起来，才能有效地发挥出爆发力。

（5）负荷。事实说明，只有在一定重量的条件下进行力量训练，才可能使力量增大，并且力量训练中采用的负荷不同，其效果各异。因此，在训练中，要因人而异，合理安排负荷。

（6）超量恢复。运动中，大量能量物质消耗；运动停止，分解代谢居次要地位，能量物质合成开始恢复并超过原来体内能量物质的含量。

（7）训练间隔。实践证明，力量训练要有一定的时间间隔，因为力量增长速度快，停止训练后消退也快。

（8）年龄与性别。同一个人的力量训练，在不同的年龄段反应不同，男女力量值的大小也有很大差别。

总之，只要坚持进行力量训练，对保持和发展力量素质有良好的效果。

（二）训练原则

1. 效率原则

爆发力训练，必须设法以最少的人力、物力、财力与时间达到最大的训练效果。

2. 特殊原则

爆发力训练，必须符合该项运动之特性。

3. 持续原则

训练期间，必须持之以恒，不得间断。

4. 变动原则

长期变动原则：

（1）第一阶段，无负荷跳跃训练。

（2）第二阶段，轻负荷跳跃训练。

（3）第三阶段，重负荷跳跃训练。

（4）第四阶段，伸展收缩训练。

短期变动原则：

（1）训练方式的变化。

（2）训练强度的变化。

（3）训练速度的变化。

（三）训练方法

1. 肌力训练法

（1）中间肌力训练法。负荷一定的重量，并将关节可活动范围区分为数种不同的角度，每一角度停止 5 秒左右的时间。

研究表明，一组大重量抗阻力训练完成后，至少要恢复 5 分钟，通常为 8 ~ 10 分钟，运动能力才会得到提高。如果使用 90% 1RM 做 3 次，那么至少需要 5 分钟的恢复时间，才有可能在下一组动作中发挥出更多的爆发力。而在一些 PAP（全称为 Post - Activation Potentiation，即“激活后增强效应”，是指“一种由预先短时间次最大强度抗阻练习引起的肌肉发力速度或爆发力急性增加的生理现象”）的训练计划中，在一组力量动作与一组爆发力动作之间，间歇很短，甚至不休息。如果这样做，疲劳程度会超过体能水平，准备水平会变得很低，这种训练效果很差，甚至没有效果。记住，要想提高运动能力，组间至少要休息5分钟。

（2）对抗式肌力训练法（又称爆发性肌力训练法或肌力性爆发力训练法），即负重静止于某一角度一段时间之后，以最快的速度伸直或收缩的一种训练方法。负重静止期间，促使肌纤维与运动神经兴奋，因而产生更大的收缩力与收缩速度。

①训练方式。实施杠铃高翻、杠铃滚翻（伸展）练习，然后休息。

②训练强度。以能举6次之重量为训练强度，设法以最快速度进行。如果次数由6次进步到12次时，即应重量测验，增加重量，并由6次重新开始。

③训练频率。每周3天，每天12项，每项6~12次。

④训练时间。越快越好。

⑤休息时间。2~3分钟。

2. 速度训练法

速度训练法是指通过控制跑步速度来提高下肢爆发力的一种训练方法。训练频率为每周3天，每天1~3项，每项6~12次。间歇时间控制在2~3分钟为宜。

（1）反复训练，即恒定最大速度跑的反复训练。

（2）负荷渐减训练，即跑速由最大速度逐步减慢的训练。

（3）负荷渐增训练，即跑速逐步过渡到最大速度的训练。

3. 跳跃训练法

跳跃训练法是利用各类人体跳跃的动作来提高下肢爆发力的一种训练方法。训练频率为每周2天，每天1~3项，每项6~12次。

间歇时间控制在 2 ~3 分钟为宜。

（1）连续垂直跳训练。

（2）连续立定跳（蛙跳）训练。

（3）单脚跳训练。

（4）跳阶训练。

（5）跳深训练。

4. 综合性爆发力训练法

（1）后蹲，3 ×3 组。

（2）反手引体向上，3 ×4 组。

（3）跳远，4 ×4 组。

（4）实心球砸地，4 ×5 组。

（5）卧推，3 ×3 组。

（6）剪蹲，3 ×3 组（左、右腿各一次合计为一次）。

（7）单臂借力推举，4 ×5 组。

（8）迈上箱子，4 ×4 组（左、右腿各一次合计为一次）。

这种训练可以使训练者在力量训练动作与爆发力训练动作之间有足够的休息时间，同时，还可以轮流安排下肢与上体的训练动作。将快速伸缩复合训练动作单独安排，可以使训练者更加专注于制造速度和爆发力。

如果训练目标是保持和发展爆发力，那么，强度安排的目标应该是产生增强现象，而不是变得更强壮。研究表明，如果把一组大重量力量训练动作和一组弹振式训练动作连在一起，可安排 3 - 5RM。由于组数较多，可以将每个动作安排为 3 组 3 次，以避免产生严重的疲劳。在 1 组 3 次动作中，负荷为 1RM 的 80% 左右。

5. 训练建议

（1）要想提高爆发力，完成一次 5RM 的深蹲后，至少要休息 1 分钟以上。

(2) 了解自己的训练目标。不是每个人都能衡量自身的顶峰爆发力。

(3) 在休息日安排核心、活化、灵活性训练，以促进积极恢复。

(4) 要提高爆发力，可以先安排短时间的大重量训练，然后进行快速伸缩复合训练。例如，先做深蹲 4×5 组，再做剪蹲 4×4 组，休息 3~5 分钟，然后做跨步跳 4×4 组、跳远 4×4 组。这是大多数学员所需的理想恢复时间。

(5) 综合训练可以精确模仿摔跤等体育项目的需要，对于拳击等以爆发力为基础的运动也很有好处。比如，针对拳击选手，将大重量哑铃肩上推举与轻重量脱手卧推或投实心球结成超级组，效果就很好。

(6) 综合训练可以提高爆发力或耐力。将大重量爆发力动作与轻重量爆发力动作安排在一起（比如，将高翻与反应跳上箱子结为超级组），通过记录一组动作的时间来衡量训练者的进步。反应跳上箱子，即先跳过一个障碍物，再跳上箱子，第二次跳跃速度越快越好。其训练目标是发展离心力量与跳上箱子的动作质量。该训练主要是针对那些需要兼顾跳跃高度与速度的项目，如排球。可以使用跳跃垫来测量第二次跳跃时的双脚触地时间，争取把时间控制在 0.1 –0.15 秒之间。

问题与思考：

1. 结合本章内容分析自己属于哪一种体型？
2. 有氧运动时，最大心率达到百分之多少的强度为佳？
3. 影响柔韧素质的因素有哪些？
4. 训练肌肉适能的常用方法有哪些？
5. 作为一名警察，需要具备哪些基本运动技能体适能素质，以确保日常勤务工作的顺利进行？

6. 结合自身，谈谈各警种需要具备哪些基本运动技能体适能素质。

7. 结合自身，谈谈如何保持警察一般运动技能体适能的水平。具体都有哪些行之有效的方法或手段？

第三章　警察专项体适能训练

本章提要：本章主要介绍了警察专项体适能训练内容。第一节为“警察越障训练”，通过越障训练，能够把力量、速度、耐力、柔韧、灵敏、协调等身体素质有机地结合起来，有效发展警察在警务实战行动中所需要的奔跑、跳跃、攀越、支撑、平衡和钻爬等基本技能，进而提高警察实战能力。第二节为“警察泅渡训练”，掌握基本泅渡技术与救护方法，是公安工作的需要。警察既要学会游泳，又要学会水上救生，从而更好地履行抗洪抢险、追捕犯罪嫌疑人、应急救援等公安警务任务。警察专项体适能训练的开展，有助于提高警察的专项身体素质、运动素质，磨炼警察的意志品质，对于警察打击刑事犯罪活动、维护社会治安秩序、保护人民生命财产的安全、圆满地完成各项公安警务任务具有重要意义。

第一节　警察越障训练

一、警察越障概述

（一）警察越障的定义

警察以奔跑、跳跃、攀越、支撑、平衡、钻爬等基本技能，通过阻挡的障碍物体，称为警察攀越障碍的运动，简称障碍攀越或警察越障。越障训练是警察体育训练项目之一，是警察体适能训练的重要组成部分。通过越障训练，可以发展警察在警务实战行动中所需要的奔跑、跳跃、攀越、平衡、支撑和钻爬等基本技能，提高速度、耐力、协调、灵敏等身体素质，增强警察体适能，培养勇敢、坚忍不拔的意志品质，为警察在执行警务时迅速通过各种人工和天然障碍物打下良好的基础，减少不必要的流血牺牲。

（二）警察越障训练的意义与作用

1. 增强警察实战能力

越障训练既是警察体育教育训练的必修科目，又是警察必须掌握的一项应用技能，并直接服务于警察的执法活动和公安工作。公安院校开设警察体育越障课的目的，主要是发展和提高警察学员的力量、速度、耐力、柔韧、灵敏、协调等身体素质与运动能力，培养勇敢顽强、不畏艰险、坚忍不拔的意志品质，磨炼警察意识和实战意识，为今后从事公安工作、履行警察职责打下良好的身心素质基础。

越障训练一般分为两个阶段：一是适应性练习阶段，主要以基本动作练习为主，不要求跑完全程；二是提高性练习阶段，要求基本动作娴熟，以最快的速度跑完全程。前者是基础训练，后者是应用训练，两者相互统一、互为促进。

2. 提高警察队伍战斗力

越障训练是直接为提高警察队伍战斗力服务的，这也是警察体育区别于一般体育的显著特点。随着社会治安形势趋于残酷性、复杂性，警察在执行职务过程中，在陌生复杂的环境条件下，想要灵巧地变换身体位置和方向，快捷自如地控制自身活动，迅速地接近和制服犯罪嫌疑人，就需要具备快速敏捷的速度、持续作战的耐力、随机应变的能力等。可以说，警察身心素质、实战技能，是反映警察队伍战斗力的重要因素。实践证明，以奔跑、跳跃、攀越、支撑、平衡和钻爬等为主要内容的越障训练，是夯实警察机体能力和应战取胜的基础。它既能全面发展警察的身体素质，增强警察必备的体能、体魄，又能促进警察队伍整体战斗力的提升。

3. 磨炼警察的意志品质

越障训练是增强警察体适能、技能、战术能力的重要手段，也是练思想、练作风、磨炼顽强意志品质和铸造忠诚警魂的教育过程。警察体育运动具有艰苦、疲劳、激烈、紧张和竞争对抗性强的特点，在训练过程中，总伴随着强烈的情绪体验和明显的意志努力。因此，通过越障训练，有助于磨炼警察勇敢顽强、吃苦耐劳、坚持不懈、克服困难的思想作风；有助于培养团结互助和顽强拼搏的精神；有助于强化警察机智灵活、沉着果断、英勇善战、勇往直前的作战素养。

（三）警察越障训练项目分类

1. 跳跃类障碍

跳跃类障碍有可以一跃而过的明沟，有需要跳下攀上的壕沟，还有高出地面的平台或是连续的几道低杠。

2. 躲避类障碍

躲避类障碍通常是由置于地面、间隔距离不规则的木栏、木桩或路沿等组成的曲径。由于相邻木桩之间比较狭窄，所以必须仔细地选择路线才能躲避通过这些障碍。曲径主要用于锻炼变向行进的能力。

3. 垂直攀越类障碍

垂直攀越类障碍大致包括以下几种：

（1）粗细、质地不同的直绳或打结绳。

（2）绳网。

（3）高低不等的垛墙。

（4）粗细、质地不同，高低不等的立柱。

4. 水平通过类障碍

水平通过类障碍一般有绳子、横管或横杆（梯）等。

5. 匍匐爬行类障碍

匍匐爬行类障碍一般有大口径管道、低横杆和低桩网等。

6. 跨越类障碍

跨越类障碍一般有高低不等的栅栏、矮墙等。

7. 平衡类障碍

平衡类障碍一般有横梁、圆木和厚木板。它们可以跨越水面或架在干涸的沟渠上，也可以高出地面驾设，以模拟自然环境对心理的影响。

二、警察越障训练原则

（一）工作需要原则

警察工作对民警的体适能要求不同于一般的体能，反恐怖、反劫持以及面对歹徒的疯狂反抗、拒捕、逃跑等，需要民警具有集心力、脑力、体力于一体的体适能与技战术相结合的综合作战能力。因此，在警察体适能训练中，要使训练手段尽可能地贴近公安工作的实际需要，实行战训结合，如室内和室外相结合，操场、田间、山地、小巷、泳池相结合，跑步、翻越、泅渡、打斗相结合等。

（二）系统训练原则

要提高越障能力，必须持续地、循序渐进地进行系统训练。运动生理学研究认为，人体生理要适应变化的负荷，需要有一个复杂的过程。同时，人体在训练负荷下的生理适应过程，不仅是长期的，而且是有阶段性的。另外，体适能的提高有一个不稳定的特点，训练的中止可以引起训练效应的消失。因此，我们要不间断地、有规律地进行系统训练。在分散训练的基础上，定期进行集中封闭训练，使警察体适能处于持续上升或持续稳定的状态。

（三）全面锻炼原则

警察体适能训练要选择全面、多样的内容，恰当地运用各种训练方法，使身体各个部位、各器官系统的机能、各种身体素质和运动能力得到全面锻炼和发展。人体是一个整体，各器官系统是相互影响、相互制约的，任何局部机能的提高，必然会促进机体其他部分机能的改善。但是，如果训练内容和方法过于单一，机体就不能获得良好的整体训练效应。因此，民警针对自身进行体适能某方面的训练时，也要辅以其他基础体适能项目，进行全面训练。

（四）适量负荷原则

机体在经受一定的运动负荷后，必然会产生相应的训练效应，但并非只要施加了负荷，就一定会产生良好的训练效应。根据科学研究，适宜的负荷才能使机体产生良好的适应效应，不适宜的负荷可能使机体达不到应激效应或产生劣变反应。因此，在警察体适能训练中，要考虑到民警现有的身体状况和体适能水平，遵循人体机能的训练适应规律，科学地给予适宜量度负荷。

（五）区别对待原则

在公安系统中，由于警种不同，所承担的工作任务也有所不同，对体适能的实际要求也不同。因此，一方面，要区别对待不同警种的体适能训练；另一方面，要根据警察的性别、年龄、身体状况等，有区别地组织安排训练内容，给予相应的训练负荷，有利于提升训练效果。

三、警察越障训练方法

（一）常用训练方法

1. 讲解法

教师逐一讲解障碍物的结构以及通过的动作要领，使受训学员心中有数。

2. 示范法

教师先进行示范，让受训学员对整个训练过程有一个直观的认识，然后组织受训学员反复练习，增加感性认识。

3. 练习法

教师组织受训学员进行练习，可以采取先单个、后分段、再全程的方法，将受训学员分成若干小组，在训练中进行重复练习。

4. 比赛法

可以两人或几人进行比赛，比赛结束后，让受训学员找出存在的不足，在以后的练习中加以改正。比赛法可以激发受训学员的热情，以每次比赛为契机，找出差距，不断提升训练质量。

（二）注意事项

通过越障运动练习，可以掌握越障训练技巧，对于提高公安民警实战技能、有效地保护自身和抓捕犯罪嫌疑人等，具有一定的应用价值。在越障训练中，应当注意以下两点：

1. 认真观察判断地形地物

地形是指地面起伏的形状，如平原、山地、丘陵、盆地、高原等，是一种自然形成的地貌。地物是指由人工建构的物体，如沟渠、高墙、栅栏、房屋和桥梁等建筑物体。越障运动中的观察判断是指在陌生的自然物体或人工建构的物体阻挡时，能够随时随地观察周围事物，即地形地物，以决定越障的动作。由于公安民警追缉或围堵犯罪嫌疑人的过程，总是动态的和变化的，这就需要在运动中进行仔细观察，预判可能发生的变化，迅速地作出决断，及时做好通过障碍物体、追捕目标或围堵目标的心理准备和动作准备。观察事物的现象，洞察事物的变化，一方面可以调整自己的思维，另一方面可以调节自己的行动，并作出快速的决断。

2. 灵活运用越障的动作

灵活运用越障的动作是指在越障训练或实战中，无论是遇到自然障碍物体还是人工建构的障碍物体，都能够针对地形地物和障碍物体的特点，合理地选择和灵活地运用各种越过障碍的动作。其特点是，人体在变化着的运动中，善于随机应变，动作敏捷，讲求实效，具有一定的灵活性。例如，公安民警在追捕和围堵犯罪嫌疑人的过程中，若遇到高墙缘上竖有破碎玻璃时，应在跑动中将上衣脱下包缠在手臂上，可采用一手一脚撑墙动作迅速翻越高墙，继续追捕犯罪嫌疑人，而不能采用挂钩翻越或俯卧翻越高墙的动作，更不能为寻找包缠的替代物而停下来，否则，极易贻误战机，丢失追捕的目标。越障训练有其独特的运动规律，光靠蛮练、蛮干是行不通的。越障训练方法的合理选择与灵活运用，对于提高训练质量和应用效果有着重要的意义。

在越障训练教学中，讲解要富有启发性、直观性，让练习者通过看、听、想、练，建立清晰的运动表象，并进行积极的思维活动。在练习中，可采用提问的方式，让练习者联系实战案例，进行有针对性的练习；也可以采用变换练习法，即在变化动作的条件下进行辅助动作的练习，如变换动作技术的某些要素、动作的形式、动作的组合、练习的环境和器械的高度等，以提高练习者的应变能力，为灵活运用越障动作打下良好的身心基础和动作技能基础。

四、城市障碍训练

（一）城市障碍训练的目的与意义

跨越和快速通过城市障碍，是人民警察必备的基本技能。通过城市障碍训练，能有效地发展警察在跨越各种障碍过程中的奔跑、跳跃、支撑、平衡和钻攀爬等基本技能，全面提高警察的身体素质，培养其吃苦耐劳、勇敢顽强、不畏艰险的意志品质，为将来在完成追捕缉拿犯罪嫌疑人等任务中，迅速灵活地通过各种障碍物打下良好的基础。因此，将城市障碍训练作为警察专项体适能的训练项目。

（二）城市障碍的场地设置和训练路线

1. 城市障碍训练的场地设置

警察越障训练场地是为警察以不同方式方法通过执法情境中的常见障碍物而专门设置的训练场地，一般为 100～400 米障碍不等，城市障碍训练场地为 300 米。无论哪一种训练场地，一方面要根据本地执法环境特点、本单位地形特点及安全等因素因地制宜进行设置，另一方面可以把各种类型的越障项目综合到一起，相互穿插、科学设置，为达到良好的训练效果打下坚实的物质基础。

2. 城市障碍的训练路线

训练路线为：出发点→圆盘→铁栅栏→管道 1→屋脊→荡绳→小道 1→天网→天桥→小道 2→隔离栏→管道 2→斜坡→垂直障碍物→窗户→终点。

（三）城市障碍训练的技术要领

1. 起跑

300 米城市障碍的起跑一般采用站立式起跑的姿势（见图 3－1）。起跑后，要调整好步点，身体重心要高，动作轻松协调，并保持一定的平跑速度，为跨越第一道障碍物做好准备。

图 3－1

2. 跃踩跨圆盘

设置目的：圆盘是模仿城市崎岖路面而设置。通过跃踩跨圆盘训练，提高警察在复杂条件下身体的协调性，以及从容面对地面的各种变化，快速通过城市崎岖路面的能力。

通过规则：依次跃踩并跨过每一个圆盘。

通过要领：起跑后快速跑进，在圆盘前适当降低速度，调节好身体平衡，以单脚踩在圆盘上，另一脚迅速跨出踩上另一只圆盘，左右脚依次轮换向前跳跑，跑完所有圆盘后，继续向前跑进（见图3－2）。

图3－2

注意事项：通过时要准确地踩在圆盘中间，踩在边缘容易造成踝关节扭伤，并注意身体重心的转换。

3. 翻越铁栅栏

设置目的：铁栅栏主要是模仿城市小区围墙的构造而设置。通过翻越铁栅栏训练，提高警察的身体柔韧适能和肌肉适能，增强警察快速翻越高障碍物的能力。

通过规则：不借助于外力，从铁栅栏的上方通过。

通过要领：快速跑至铁栅栏前，左（右）脚踏上水泥台阶，双手迅速握紧铁栅栏上沿（见图3－3），右（左）脚踏在铁栅栏中央格层上，利用双手上拉和左（右）脚蹬栏墙的合力，迅速上栏（见

图 3 – 4)，成双手一脚支撑姿势，右（左）脚用力向上提收于胯下(脚掌外侧朝下，脚尖向前）并向前快速摆动，右（左）手推栏后，双脚落地（见图 3 – 5)，继续跑进。

图 3 – 3

图 3 – 4

图 3 – 5

注意事项：跨上时手拉脚踩协同发力，跳下时身体顺势下蹲以缓冲。

4. 钻爬过管道

设置目的：管道是模仿城市的下水道以及排风管等设施而设置。通过钻爬过管道训练，增强警察的身体平衡性与协调性，培养警察在狭小空间内快速通过的能力。

通过规则：只能从管道内部通过。

通过要领：快速跑至管道前 1 ~ 2 米处，左脚迅速向前跨一大步，左手撑住管道内径边沿，低头沉右肩进管道（见图 3 – 6)，利用右脚向前蹬地、伸右手成低姿匍匐姿势，结合双前臂扒力和双脚尖蹬力的合力交替向前爬行。出管道时，两臂撑起上体，一腿迅速前迈，继续跑进（见图 3－7）。

图 3－6

图 3－7

注意事项：在管道内行进时，注意“核心收紧”，利用手撑、脚蹬的合力向前爬行。

5. 翻越过屋脊

设置目的：屋脊主要是模仿城市老建筑的带窗屋顶而设置。通过翻越过屋脊训练，提高警察的身体爆发力与上肢的肌肉适能，培养警察快速从天窗翻上、屋脊跃下的能力。

（1）天窗。

通过规则：不借助于外力，克服自身重力通过。

通过要领：①跃起支撑上。快速跑至屋脊下（见图 3－8），双脚蹬地向上跃起，双手屈臂攀住天窗边缘，迅速伸臂成支撑上（见图 3－9）。②蹬墙挂撑上。快速跑至屋脊下，双脚蹬地向上跃起，双手攀拉天窗边缘，利用单（双）脚蹬墙壁形成合力，迅速屈左（右）臂成挂撑上（见图 3－10）。

注意事项：跃起支撑上时，跃起和支撑快速衔接；蹬墙挂撑上时，手、腰、腿部同步发力。

图 3－8

图 3－9

图 3－10

（2）屋脊。

通过要领：①侧身过屋脊。用两步跑上屋脊斜坡并双手抓紧屋脊横梁，双脚依次迅速跨过横梁后身体成背向，松开右手并跨出右脚成侧身步，顺势跑下斜坡并跨越过壕沟，继续跑进。②正面过屋脊。用两步跑上屋脊斜坡并双手抓紧屋脊横梁（见图 3－11），迅速成右脚在前、左脚在后的骑梁姿势，双手抓紧横梁（见图 3－12），迅速向前做正面抽左腿，顺势跑下斜坡并跨越过壕沟，继续跑进。

图 3－11

图 3－12

注意事项：快速上、慢速下，通过时降低重心。

6. 荡绳过水池

设置目的：水池是模仿城市中某些偏僻道路中的水坑而设置。通过荡绳过水池训练，提高警察的身体平衡性与上肢及腰腹的肌肉适能，培养警察在紧急情况下，借用荡绳原理，迅速通过水坑等较深涉水路面区域的能力。

通过规则：利用荡绳从水面上方通过。

通过要领：快速跑至水池前，迅速取好绳子，左手下、右手上紧握住绳子（见图 3－13）；双脚用力蹬地、收腿、屈臂团身，利用钟摆原理向前快速摆动（见图 3－14）；摆过池边时迅速松手，双脚落地缓冲（见图 3－15），继续跑进。

图 3－13

图 3－14

图 3－15

注意事项：抓紧绳子团身通过，然后迅速转移重心向前跑进，防止跌落。

7. 快步过小道

设置目的：小道是模仿城市有台阶、高低不平的拥挤道路而设置。通过快步过小道训练，提高警察的速度能力与身体协调性，培养警察快速通过狭窄曲折道路的能力。

通过规则：从小道内快速跑动通过。

通过要领：快速跑至小道前，稍降重心，用快速的步伐，根据小道的形状，适时调整身体姿势，迅速通过崎岖小道后，继续跑进（见图 3－16、图 3－17）。

图 3－16

图 3－17

注意事项：在跑动过程中，注意侧身与步幅控制。

8. 攀爬过天网

设置目的：通过攀爬过天网训练，提高警察的身体敏捷性和平衡性，增强警察的胆量和攀爬能力，克服高空恐惧心理。

通过规则：从天网上方通过，下来时禁止从上面往下滑。

通过要领：快速跑至天网前约 0.5 米处，身体前冲，双手握紧网绳，一脚蹬地，另一脚迅速踏于网上，利用脚蹬和手拉的合力依次向上攀登（见图 3－18）。攀至天网顶端时，双手抓握顶端的网绳（见图 3－19）；借用腰腹力量使身体及双脚依次跨过网顶（见图 3－20）；待双脚找到支撑点后，双手、双脚依次交替配合下网。脚着地后，迅速蹬地转身，继续跑进。

图 3－18

图 3－19

图 3－20

注意事项：手脚交替配合攀爬，翻越网顶时骑跨而过。

9. 拉绳上天桥

设置目的：天桥是模仿城市道路的人行过街天桥而设置。通过拉绳上天桥训练，提高警察的上肢肌肉适能和身体平衡性，培养警察快速通过天桥的能力。

通过规则：从天桥上方通过，禁止往下跳。

通过要领：快速跑至天桥斜坡前，双手拉住垂下的绳子，双脚蹬踏上斜坡，保持身体平衡，利用双手上拉、双脚上蹬的方式上天桥（见图 3－21）。可采用一步一级台阶，手扶栏杆以确保安全，快速跑下天桥（见图 3－22、图 3－23），并迅速折回，继续跑进。

图 3-21

图 3-22

图 3-23

注意事项：控制步幅，避免踩空。

10. 跨越隔离栏

设置目的：隔离栏是模仿城市道路的隔离设施而设置。通过跨越隔离栏训练，提高警察的身体敏捷性与爆发力，培养警察在追缉犯罪嫌疑人过程中迅速跨越隔离栏的能力。

通过规则：身体从隔离栏上方通过。

通过要领：快速跑至隔离栏前约 1 米处，一脚蹬地起跳，使身体跃上隔离栏（见图 3-24）。同时，起跳腿的同侧手支撑于隔离栏上沿，另一腿向侧上方摆动，并以前脚掌支撑于隔离栏上沿，重心落在支撑臂上。起跳腿迅速上提收于胯下（脚掌外侧朝下，脚尖向前，见图 3-25），并越过隔离栏着地。同时，支撑手推栏，支撑腿前摆着地，继续跑进。

图3-24

图3-25

注意事项：起跳时提膝，下落时推手。

11. 快步过斜坡

设置目的：斜坡是根据城市建筑地下通道、停车库等地形倾斜路面的特点而设置。通过快步过斜坡训练，提高警察的速度能力与身体平衡性，培养警察的上坡加速能力、下坡控制身体重心的能力，克服跨越隔断路面时的恐惧心理。

通过规则：上坡时，手禁止触地。

通过要领：保持一定的速度，身体前倾，用一步（或两步）跑上斜坡（见图3-26），跨过低台与高台的间隙（见图3-27），调整好速度，降低重心，用两步（或一步）快速跑下斜坡（见图3-28），继续跑进。

图3-26

图3-27

图 3－28

注意事项：控制重心，前脚掌要蹬，克服恐惧心理。

12. 闪避过“密林”

设置目的：“密林”是模仿密集绿化树林或人群而设置。通过闪避过“密林”训练，提高警察的速度能力与身体敏捷性、平衡性，培养警察快速通过密集垂直障碍物的能力。

通过要领：快速跑进，适时减速成侧身姿势，并与手臂穿插配合，在确保身体平衡的前提下，迅速通过各种无规则的障碍物（见图 3－29 至图 3－31），继续跑进。

图 3－29

图 3－30

图 3－31

注意事项：降低身体重心并向侧身前进方向迅速转移；转向时，身体快速扭转，避免撞击到障碍物。

13. 窜越钻窗户

设置目的：窗户是模仿城市常规住宅窗户的尺寸而设置。通过窜越钻窗户训练，提高警察的身体平衡性与协调性，培养警察快速通过窗户进入室内的能力。

通过规则：从窗框通过。

通过要领：快速跑至窗前 1 米处，单脚向前起跳，另一脚前跨踏上窗台边缘（见图 3－32），双手分别抓住窗框与窗门（见图 3－33），低头团身，起跳腿上提前摆，利用身体惯性和双手拉力过窗户落地（见图 3－34），继续跑进。

图 3－32

图 3－33

图 3－34

注意事项：低头团身通过，落地屈膝缓冲。

第二节 警察泅渡训练

一、警察泅渡概述

（一）警察泅渡的定义

警察泅渡是指警察利用游泳的方式通过既定水域。游泳分为竞技游泳与实用游泳两大类，竞技游泳包括自由泳（爬泳）、仰泳、蛙冰、蝶泳（海豚泳），实用游泳包括侧泳、潜泳、反蛙泳、踩水、水上救护、武装泅渡等。警察泅渡是基于竞技游泳、趋于实用游泳、贴合警察实际工作的警察专项体适能训练内容之一。

游泳教学大部分是在水中进行的，因初学者不会利用水的浮力，所以，容易产生怕水的心理。游泳时的呼吸方法与平时不同，平时呼吸都是用鼻子，而游泳时吸气是用嘴。游泳时，不仅要掌握呼吸的方法，还要掌握呼吸的节奏和时机，所以游泳时的呼吸与陆地上其他运动项目相比稍显复杂。人们平时习惯于直立姿势，但游泳时却要俯卧或仰卧在水中做动作，使得人们在日常生活中所形成的走、跑、跳、投等习惯性的运动技能，在水中都不能直接运用，几乎所有的游泳动作技能都要从头学起。

水的密度和导热性都与空气不同，水的密度是空气的几百倍，导热能力、阻力都比空气大。因此，游泳对于警察而言，除了在关键时刻跳入水中追捕犯罪嫌疑人或救助落水者外，还可强身健体。同时，游泳还是消除全身疲劳的方法之一。

（二）警察泅渡的意义和作用

警察泅渡，主要是要掌握游泳技术与水中救护方法，这既是公安工作的需要，也是警察必须具备的技能。根据水中实战训练需求，警察必须掌握和提高水中特殊技能和水中综合能力，以便在执法勤务中更好地服务社会、保护民众、制止和打击犯罪，充分地发挥职能作用。

二、游泳基础训练

（一）熟悉水性

1. 水中呼吸

（1）水中呼气。“呼气”时以胸腔带动喉、口腔（嘴），根据游进时的技术动作所要求的节奏、承受力，将气“呼”出。

（2）水中吸气。“吸气”时以胸腔带动喉、口腔（嘴），根据游进时的技术动作所要求的节奏、承受力，将气“吸”进。

（3）水中闭气。“闭气”时将口腔（嘴）、鼻紧闭，根据游泳技术动作的节奏、承受力，有意识地暂时停止呼吸动作。

训练方法：站于游泳池浅水区边，成站立半俯卧式，两臂伸直抓握池台或水槽边，两肩与头部浸埋于水中，使身体放平，然后慢慢抬头，抬至嘴露出水面时，用嘴吸气（嘴形要小，不要用鼻子吸气），随即将头再次浸埋于水中，稍闭气后，以平均呼气量将气呼出，抬头时，再一次将嘴露出水面前一瞬间，用力将气全部吐尽。如此反复进行练习。

训练步骤：先以慢节奏进行分解练习，不断重复练习，再以正常节奏进行配合，直至达到熟练程度。

2. 水中浮体

通过水中浮体训练，提高初学者对水的漂浮平衡、方向性的感性认识。

（1）水中团身浮体。原地站立，深吸气后，下蹲低头，抱膝团身，身体放松，闭住气，使身体自然漂浮于水中。站立时，两臂前伸向下压水，抬头站立。

（2）水中展体浮体。前伸两臂，前倒于水中，两腿伸直并分开，身体放松，闭住气，使身体自然漂浮于水中（见图3－35、图3－36）。站立时，两臂前伸向下压水，抬头站立。

图3－35

图3－36

（3）水中滑行。通过水中滑行训练，提高初学者在运动中对水的漂浮平衡、方向性的感性认识。水中滑行训练是熟悉水性的重点，目的是进一步体会在水中的平衡和身体的滑行姿势（见图3－37）。

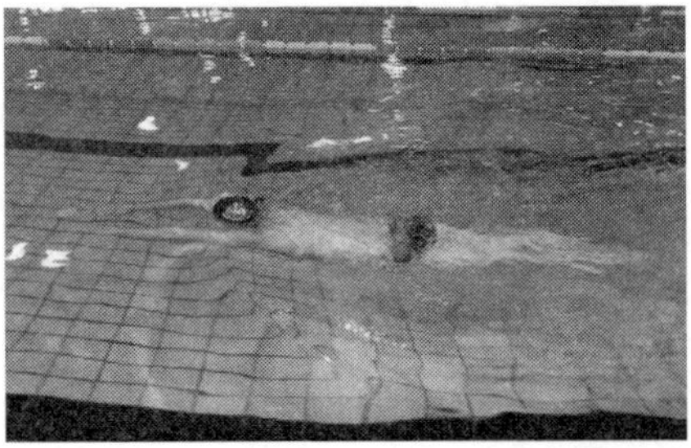

图3－37

①水中蹬壁滑行。背向池壁，肩浸于水中，一手拉水槽，一臂前伸，同时，一腿站立，一脚掌贴池壁（见图 3－38）。深吸气后低头，成俯卧姿势，另一站立腿收至池壁，另一臂前伸，双脚用力蹬出滑行（见图 3－38）。

图 3－38

②水中蹬壁滑行抬头。水中蹬壁滑行，滑行至速度减慢时，两臂向两侧下做划水，同时抬头吸气，两臂迅速恢复前伸后站立。

训练方法：以两人为一组，站在浅水区域内，一人练习动作，另一人协助，并相互纠正动作。进行浮体、下沉练习时，可根据训练者对闭气、呼气、吸气的掌握程度，以及对水的漂浮平衡、方向性的感性认识的具体情况来决定训练进度；对每一项基础动作，要进行反复练习，以达到熟练的程度。

训练步骤：先从抓壁浮体动作开始，再进行两人协助；先练习水中蹬壁滑行，再练习水中蹬壁滑行抬头，需要不断反复训练。

（二）蛙泳技术

1. 身体姿势

蛙泳时，身体俯卧于水中，两臂向前伸直（掌心向下），两腿并拢伸直（脚背自然绷直），微抬头部，微收腹，使身体与水平面成

25°～30°角，并保持一定的紧张度，两眼目视前下方，成俯卧游进姿势。

2. 蛙泳腿部技术

蛙泳腿部技术动作由收腿、侧勾脚、蹬夹水、滑行四个连贯动作组成。

（1）收腿。收腿时，腿部稍放松，以大腿带动小腿向身体内边收边向两侧分开，大腿与躯干之间成130°～140°角，两膝之间与肩同宽，小腿边收边分，脚跟靠近臀部，大腿与小腿之间成40°～45°角（见图3－39）。

图3－39

（2）侧勾脚。在小腿边收边分的同时，大腿内旋，两膝内扣，两脚尖同时向两侧外做勾脚动作，以两脚内侧向后方蹬水（见图3－40）。

图3－40

（3）蹬夹水。由腰腹和大腿同时发力向后蹬夹水，伸髋，再伸膝，以大腿、小腿内侧与两脚内侧向后做有力的边蹬边夹动作，当两腿并拢时略向下做压蹬水动作（见图3－41）。

图3－41

（4）滑行。借助蹬夹水时身体向前的惯性，两腿自然伸直并拢，两脚脚背自然绷直，身体与水面平行，短暂滑行（见图3－42）。

图3－42

训练方法：腿部动作按照收腿、侧勾脚、蹬夹水的顺序进行训练，先在陆上讲解、分析，以模仿、分解、连贯方式练习，再进入水中扶壁，以慢动作体会、正常速度模仿、连贯方式练习。腿部动作是蛙泳技术动作的重点，以上三部分技术动作是关键，不可养成痼癖动作，否则难以改正。训练时，以两人为一组，一人进行练习，一人站在其身后，边看边口述指导其完成腿部动作。

训练步骤：从收腿、侧勾脚、蹬夹水训练开始，当某一个技术动作出现问题时，必须加以改正并进行反复练习，直至掌握正确要领为止。

3. 蛙泳臂部技术

蛙泳臂部技术动作由划水与抓水、抱水与内旋、伸臂三个连贯动作组成。

（1）划水与抓水。当两臂前伸并拢后，以肩为轴，屈肘，向身体的两侧下后方划水（手臂、手掌外旋，划至宽于两肩距离），边划边向外下旋屈腕（手臂与手掌约成120°角），以便获得最佳抓水效果（见图3－43）。

图3－43

（2）抱水与内旋。以肘为轴，两小臂和手掌向后下方划水，手掌随着手臂的内旋做快速而有力的加速划水，形成小臂与大臂弯曲成接近90°角（此时手掌心向上翻）的抱水与内旋动作（见图3－44）。

图 3－44

（3）伸臂。完成抱水与内旋动作后，两小臂、两掌心相对，边伸边做内旋向下翻掌，两肘低于两手位置，并相夹于胸前（两掌心相合），再做边伸臂边向下压推动作（见图 3－45）。

图 3－45

训练方法：从划水练习开始，两臂分开的同时抬头吸气；进行抓水、抱水与内旋练习时，主要强调动作的连贯性，如果在陆上模仿时出现动作机械性停顿现象，要及时纠正。进入水中训练时，以两人为一组，协助者托住练习者大腿，让其在水中模仿练习整个臂部连贯动作，再配合呼吸练习。

训练步骤：先陆上分解，进行模仿、连贯练习，再进入水中进行模仿、连贯练习。

4. 蛙泳配合技术

蛙泳配合技术由腿部动作、臂部动作、呼吸动作三部分组成，要求动作协调配合，紧密衔接。

（1）手臂与呼吸配合。手臂伸直后，两臂和手掌向后下方划水的同时抬头吸气；手臂、掌心内旋加速划水时做低头闭气；两臂前伸时做低头呼气；两臂伸直时，水中瞬间滑行，两臂开始划水（抬头吸气前做快速、有力一瞬间的吐气）（见图3－46）。

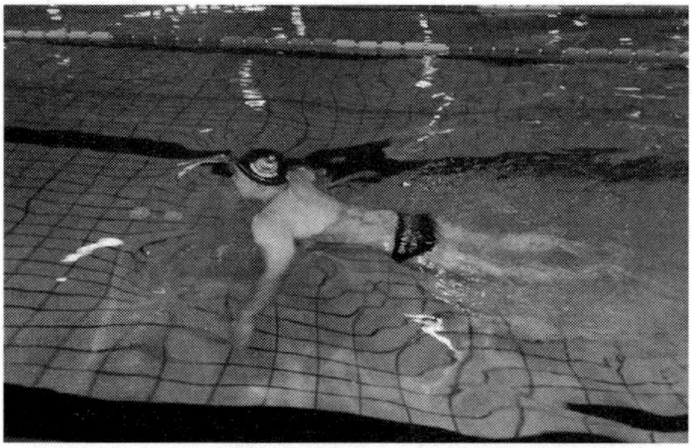

图3－46

（2）腿、臂、呼吸完整配合。在一个动作周期里，采用一次呼吸、一次划臂、一次蹬腿的配合技术。配合过程：两臂开始向后下方划水的同时抬头吸气，两腿并拢；两臂内旋加速划水时低头闭气；收腿的同时侧勾脚；两臂前伸，低头呼气，两腿做蹬夹水；两臂、两腿伸直时，水中瞬间滑行（见图3－47、图3－48）。

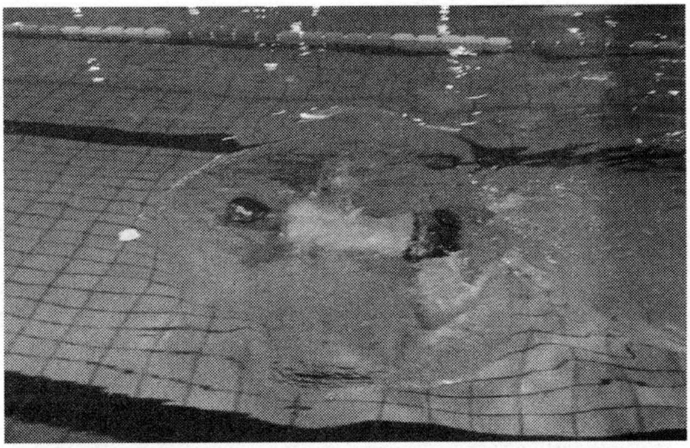

图 3－47

图 3－48

训练方法：先进行手臂与呼吸配合练习，再进行腿、臂、呼吸完整配合练习。刚开始训练时，容易出现动作不协调的问题，所以，先在浅水区进行短距离配合游进，再反复练习手臂与呼吸的配合动作。

训练步骤：先进行陆上模仿、连贯练习，再进入水中进行模仿、连贯练习。

（三）自由泳技术

1. 身体姿势

身体平直地俯卧于水中，身体的纵轴与水平面成 3°～5°角，水齐前额，背部和臀部肌肉保持一定的紧张度。游进时，躯干围绕身体的纵轴有节奏地左右转动，转动的角度一般为 35°～45°（见图 3－49）。

图 3－49

2. 自由泳腿部技术

自由泳腿部动作虽有一定的推进力，但主要起平衡作用，通过上下交替打水，保持身体平衡及产生动力，并协调两臂做有力地划水。以髋关节为支点，大腿发力并带动小腿，脚背自然绷直、内扣，踝关节放松，做鞭状打水动作，上下打水间距为 30～40 厘米（见图 3－50）。

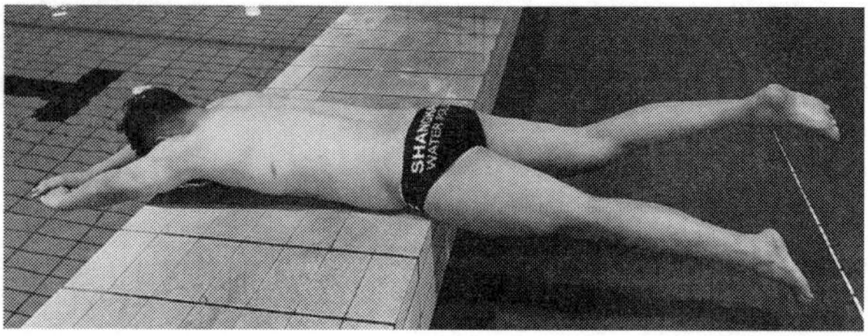

图 3－50

3. 自由泳臂部技术

自由泳臂部动作是推动身体前进的主要动力。每一个动作周期分为入水、抱水、划水与推水、提臂与移臂四部分。

（1）入水。手指自然伸直并拢，掌心斜向外下方，与水平面成30°～40°角，手指的入水点在身体纵轴和肩部前方的延长线上（见图3－51）。

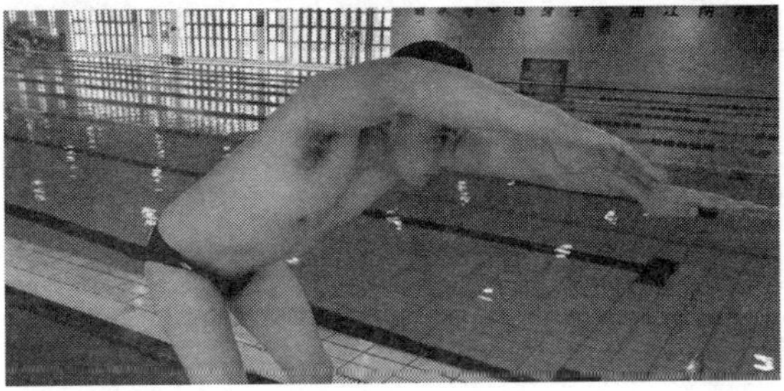

图3－51

（2）抱水。手臂入水后继续向头部前下方前伸，掌心向下，当手臂伸至与水平面成15°～20°角时，手腕向下弯曲，并屈肘，上臂划至与水平面成40°角时，手和前臂接近垂直对水，肘关节屈至150°左右，使手和前臂以较大的截面积对准划水面，形成抱球似的划水准备（见图3－52）。

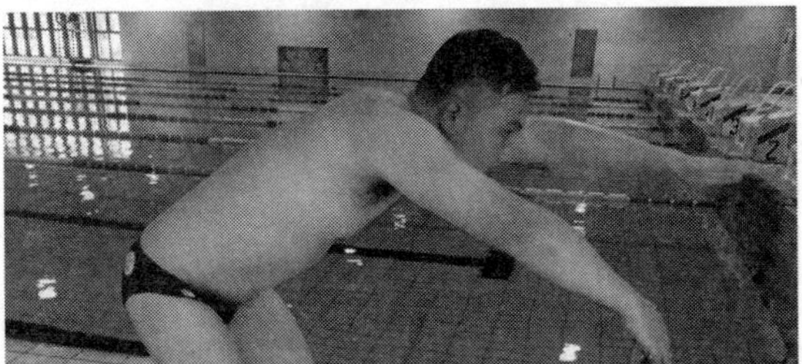

图3－52

（3）划水与推水。当形成抱水准备后，拉划水至肩下方；当手掌对准水、小臂与大臂形成40°角时划至腹下，并继续推水至大腿旁，整个划水、推水路线成“S”形（见图3－53）。

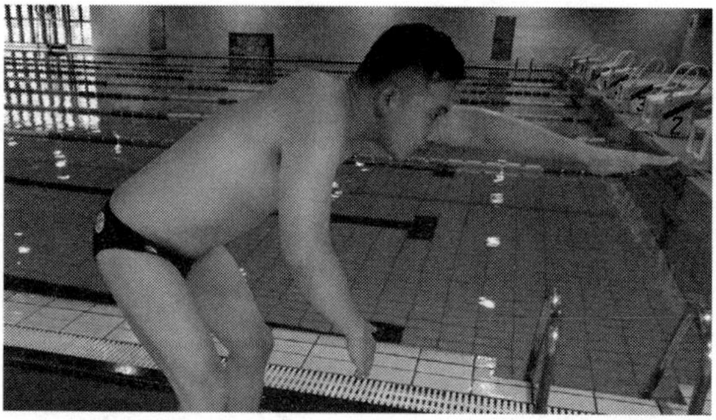

图 3 – 53

（4）提臂与移臂。手掌推水至大腿旁时，掌心转向大腿，小指向上，以大臂带动小臂，屈肘（肘关节向上）、提肘，使整个臂部提出水面；利用提臂和身体向左或向右转动的惯性力带动手臂做水面前移，直至入水。整个提臂、移臂过程要求动作连贯（见图 3 –54）。

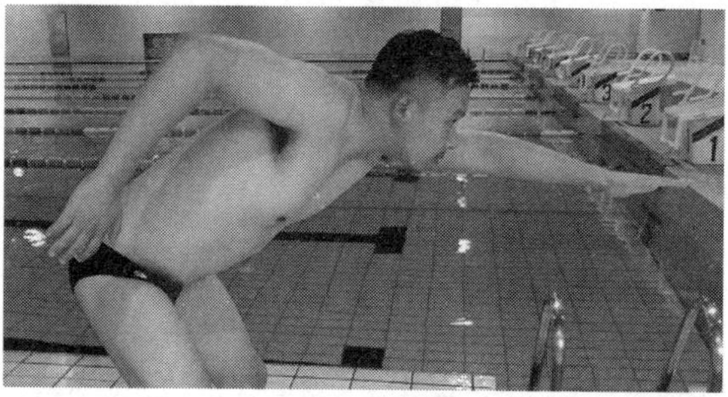

图 3 – 54

训练方法：先练习手臂前交叉技术，即一臂伸直，另一臂练习整个臂部动作，交替进行。两臂动作掌握后，再配合呼吸进行练习。进入水中后，协助者夹托练习者大腿，让其在水中模仿练习整个臂部连贯动作，再配合呼吸进行练习。掌握动作要领后，可采用两腿夹板，进行臂部与呼吸配合游进练习。

训练步骤：先陆上讲解、模仿，进行分解、连贯练习，再进入水中进行完整动作练习。

4. 自由泳配合技术

自由泳配合技术可分为三种形式：一是前交叉配合，即一臂入水时，另一臂已摆至肩前方；二是中交叉配合，即一臂入水时，另一臂处在向内划水阶段；三是后交叉配合，即一臂入水时，另一臂已划至腹下方。开始学习时，通常采用前交叉配合动作，掌握自由泳基本动作后，可采用中交叉配合动作。

以右转头吸气为例：右手入水、抱水时，采用闭气；右臂开始拉水至头部下方时，慢慢呼气，右臂划至腹部下方时，用力呼气，利用身体向右转动的惯性力带动大臂前移，转头短暂吐气后立即吸气，整个配合过程中两腿做不停顿的打水动作（见图 3－55）。

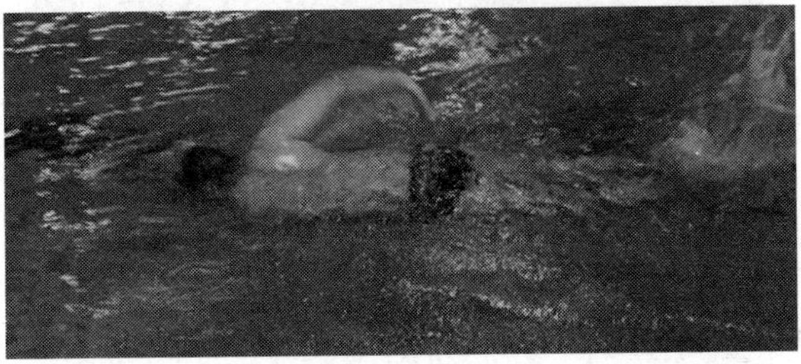

图 3－55

训练方法：先进行手臂动作与呼吸配合练习，再进行腿、臂、呼吸完整配合练习。进入水中进行完整动作配合练习时，以协调掌握完整技术、提高动作质量为主。

训练步骤：先进行单臂、分解划水配合打腿练习，再进行双臂、连贯划水配合打腿练习，最后进行完整配合练习。

三、实用游泳技术

（一）踩水

1. 动作要领

（1）两腿同时踩水。身体在水中稍前倾，两臂微屈肘，同时在胸前做向外摸水和向里摸水的动作。向里摸水时收腿，向外摸水时蹬腿（见图3－36）。还有一种方法是两腿交替进行单腿踩水。

图3－56

（2）摸水动作练习。站在约齐肩深的水中，头露出水面，身体稍向前倾，两肘向外稍弯曲，手和小臂在胸前、胸侧做向外、向里的摸水动作。向外摸水时，小拇指斜向上，掌心稍向外。向里摸水时，大拇指斜向上，掌心稍向里。摸水时，手掌转动面不宜过大，全身肌肉要放松。两腿踩水的动作类似蛙泳腿的蹬水。两膝保持约与肩宽，大腿与躯干保持成锐角。收腿时，两膝稍向上提，小腿向上收，同时两膝向里扣压，小腿和脚向外翻，接着用小腿和脚内侧向侧下方踩水。踩水时，两腿不能向里夹，腿还未全部踩直时，应立即收腿，再做下一个动作（见图3－57）。踩水时，动作要放松、连贯。

图 3－57

2. 训练要点

学习踩水完整动作，应在深水区进行。两手先抓住物体，如在游泳池可抓住池壁的水槽等物，然后做踩水动作。一般来说，先学习两腿同时踩水的方法，然后再学习两腿交替踩水的方法。

3. 训练步骤

（1）陆上模仿练习。站立，手扶墙，做单腿踩水动作练习（两腿轮换进行）；仰坐地上，做腿踩水动作练习。

（2）水中练习。手扶池边，做腿踩水动作练习；腿、臂配合练习。

4. 易犯的错误及其产生的原因

进行踩水练习时，学员往往会因太紧张而导致动作无节奏。

5. 纠正方法

注意动作要领，多做模仿练习。

（二）侧泳

1. 动作要领

侧泳分左侧泳和右侧泳，游进时两侧可以互换，持续时间较长。因此，侧泳具有较大的实用价值，在持物游渡江河或救护溺水者时经常使用。侧泳有单手出水和两手都不出水两种技术，这里仅介绍单手出水技术。

（1）身体位置。身体侧卧于水中，一臂前伸，另一臂置于体侧，两腿并拢伸直，身体胸腔平面约倾斜80%，与水平面成10°~15°角。游进时，身体姿势随着手臂与腿部、呼吸动作的变化而不断变化（见图3-58）。

图3-58

（2）腿部技术。以左侧泳为例，两腿并拢伸直，上腿（右腿）屈膝前收，小腿先后屈，然后稍向前伸，并勾脚尖；上腿前收的同时，下腿（左腿）小腿屈膝后移，绷直脚面，然后两腿相对做蹬剪水动作，直至两腿并拢伸直为止（见图3-59）。收腿时动作稍慢，蹬剪水动作要快。

图3-59

（3）臂部技术。侧泳时，下侧臂的动作分为准备姿势、滑下、划水和臂前移四个阶段（见图3－60）。

图3－60

①准备姿势：手臂前伸，掌心向下，手略高于肩。

②滑下：当手臂滑下与水平面成20°～25°角时，稍勾手，屈臂，使手和前臂向后对准水。

③划水：划水动作是在靠近胸侧斜下方进行的，当手臂划至腹下方时，划水即告结束。

④臂前移：臂划水结束后，迅速收前臂，使手掌向上，并沿着腹胸向前移动。当手掌移至头前时，随臂向前伸直，手掌逐渐转向下方。上臂（右臂）姿势与自由泳臂划水动作相似，不同的是当上面臂前移时，上体绕纵轴略有转动，这样就使两肩连线与垂直线之间的角度增大。这个动作能使上面臂入水点离身体较远，从而使划水路线延长。

两臂配合动作：下面臂开始划水时，上面臂做前移动作；上面臂开始划水时，下面臂开始做推水动作，两臂在胸前交叉；上面臂划水结束时，下面臂开始做滑下动作。

（4）完整配合技术。

①臂和腿配合动作。上面臂前移时先收腿，入水后收腿结束。

在上面臂划水、下面臂前伸的同时，两腿用力蹬剪水。然后，稍滑行一会儿，再做下一个动作（见图 3－61）。

图 3－61

②臂和呼吸配合动作。上面臂开始划水时，逐渐呼气，当划至腹下方做推水动作时，转头吸气。移臂和入水时，头还原并闭气。

侧泳的完整配合是两腿蹬剪水一次，两臂各划水一次，呼吸一次。两腿蹬剪水后，在上面臂划水结束与下面臂前伸时，应有短暂的滑行动作。

2. 训练要点

（1）侧泳可以左右两侧交替练习。

（2）蹬剪水的时机是关键。

3. 训练步骤

（1）陆上模仿练习。侧卧地上，做腿的蹬剪水动作练习；站立，两腿分别做与双臂的配合动作练习。

（2）水中练习。侧身，双手扶池边，做腿的蹬剪水动作练习；

站在浅水区中，做单腿与双臂配合动作练习；一手扶浮板，做单臂与双腿配合动作练习；滑行，做腿和臂配合动作练习。

4. 易犯的错误及其产生的原因

动作概念不清，造成上下肢配合不协调；踝关节灵活性差，造成做蹬剪水动作时不勾脚或绷脚。

5. 纠正方法

（1）明确动作概念，多做模仿练习。

（2）做踝关节灵活性练习。

（三）反蛙泳

反蛙泳技术动作简易，游起来既省力又能持久，在救生工作中起着重要作用。

1. 动作要领

（1）身体位置。身体平直地仰卧于水中，胸部自然展开，头稍后仰，脸露出水面，两臂置于体侧自然伸直（见图 3－62）。

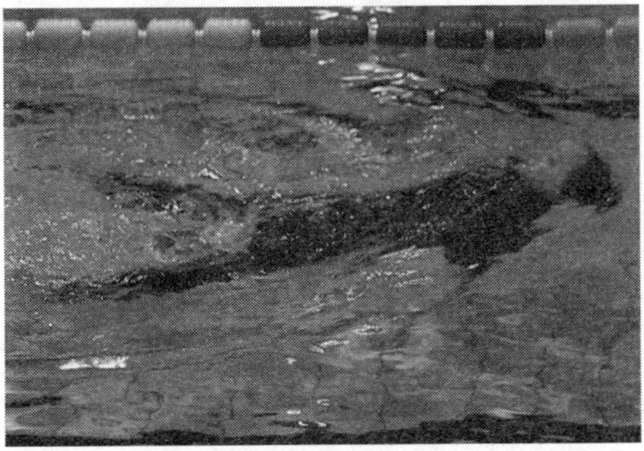

图 3－62

（2）臂部技术。划水结束时手臂置于大腿两侧，出水时两臂自然放松向上举起（可稍屈肘或伸直），然后在肩外侧处入水，向后做有力的划水动作，使身体向前滑行（见图 3－63）。如果做手不出水的反蛙泳，两手可在体侧做前移动作，动作幅度要比手出水的反蛙泳小。

图 3－63

（3）腿部技术。两腿同时做类似蛙泳的收腿动作，不同的是小腿向侧下方收得较多，大腿微收。两脚向外勾（翻），同时向后上方做有力的蹬水动作（见图 3－64）。

图 3－64

（4）臂腿配合技术。一种是臂划水与蹬夹水（移臂与收腿）同时进行；另一种是臂划水和蹬夹水交替进行，但臂、腿各做一次动作之后身体自然滑行。两臂前移的同时，“边收边分慢收腿”，两臂入水时，两腿同时蹬夹水。然后，两臂自然并拢前伸，臂划水。划水结束后，身体自然伸直滑行（见图 3－65）。

图 3－65

（5）呼吸方法。一般在移臂时吸气，两臂入水后稍闭气，然后用口鼻均匀地呼气。

2. 训练要点

注意蹬水在手入水之前进行，否则脸部就会没入水中，不利于呼吸，造成动作停顿。收腿要比蹬腿慢。

3. 训练步骤

（1）坐于池边，做双腿蹬水动作练习。

（2）双手与单腿的模仿动作练习。

（3）水中滑行，做腿、臂与呼吸的配合练习。

4. 易犯的错误及其产生的原因

（1）由于大腿收得太多，收腿用力过猛，造成屈髋。

（2）由于入水后蹬夹水，动作概念不清，造成动作停顿。

5. 纠正方法

明确动作要领，多做模仿练习。

（四）潜泳

潜泳是指身体在水下不做呼吸游进的泳姿，是在水压加大、长时间屏气和剧烈肌肉动作的条件下进行的。潜泳技术分为潜深技术和潜远技术。

1. 动作要领

（1）潜深技术。

①两腿朝下潜深法。在潜入水里以前，两臂前伸，屈腿，然后两臂用力向下撑水，与此同时，两腿做蛙泳的向下蹬水动作，使上体至腰部露出水面，接着利用身体的重力，使身体向下，如直体跳水的姿势潜入水中（见图3－66）。入水后，两臂做自下而上的推水动作，以加快下沉的速度。达到水底或预定的深度之后，立即团身，将头转向所需要的方向游进。

图3－66

②头先朝下潜深法。这种方法的预备姿势与上述方法相同，只是两臂向后下方伸出，两臂自下而上用力划水，头朝下，提臀举腿，两臂做蛙泳伸臂动作，向下伸直，由于两腿的重力作用，使身体潜入水中。入水后，两腿向上做蛙泳腿的蹬水动作，以加快下沉的速度。当达到需要的深度之后，通过两臂、头部后仰以及胸部和腰部后屈的动作，使身体由垂直姿势转为水平姿势。

（2）潜远技术。潜远技术分为使用器材的竞技潜泳和不用器材的潜远技术两种。不用器材的潜远技术，主要有蛙式潜泳、蛙式长划臂潜泳和爬式潜泳。

①蛙式潜泳。蛙式潜泳是在水下用蛙泳动作游进的一种技术。它的动作基本上与水面“平航式蛙泳”相同（见图3－67）。在游进

中，为了避免身体上浮，头的位置应稍低于蛙泳，头与躯干成一条直线。臂划水的幅度要比蛙泳小，收腿时屈髋幅度较小。配合动作与“平航式蛙泳”相同，只是滑行时间稍长。

图 3－67

②蛙式长划臂潜泳。

躯干和头的姿势：躯干和头的姿势应完全成水平姿势，只是在臂开始划水时头稍低一些，以防止身体的浮起（见图 3－68 至图 3－70）。

图 3－68

图 3－69

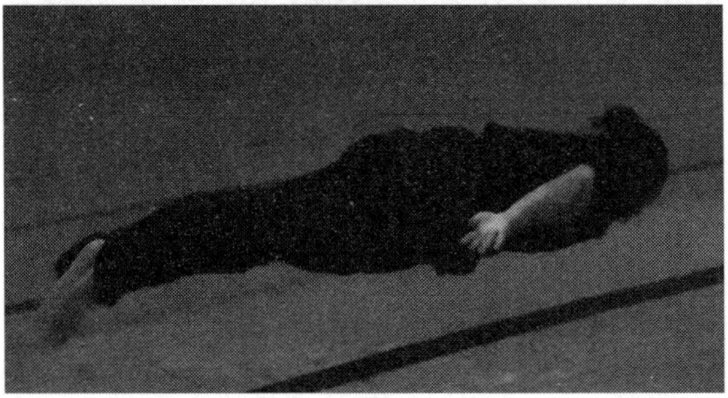

图 3－70

臂部动作：开始划水的动作与蛙泳相同，当手划至肩下方时，肘关节屈成90°～100°角，然后肘关节由外侧向躯干方向靠拢，上臂带动前臂向后推水，推水完毕，两臂几乎在大腿两侧伸直，手掌朝上。划水结束后，应稍有滑行阶段。移臂时，两手外旋、屈肘，两手沿腹胸前伸，当手伸至颌下时，手掌开始内旋，掌心转向下方，在头部前方伸直并拢，然后准备做下一次动作。

腿部动作：与蛙泳的区别是收腿时髓关节收得较小，双膝分开也较小，向正后方蹬水，以免身体上浮。

腿和臂的动作配合：收腿与臂前伸的动作几乎同时开始。当臂前伸结束时，收腿结束，臂向前伸直后用力蹬夹水，蹬腿结束，臂紧接着做划水动作，划水结束后，两腿伸直并拢，做滑行动作。

③爬式潜泳。两臂向前伸直，手掌并拢，头在两臂之间，只用双腿做自由泳打腿动作向前游进。

2. 训练要点

强化滑行训练，注意训练中的低头动作。

3. 训练步骤

（1）下沉练习。

①两腿先向下下沉练习。

②头先向下下沉练习。

（2）蛙式潜泳练习。

①水下蛙泳练习。

②水下蛙式长划臂潜泳练习。

③水下爬式潜泳练习。

4. 易犯的错误及其产生的原因

（1）由于没有低头，造成潜泳时身体不下沉。

（2）由于没有滑行，造成动作没有节奏。

5. 纠正方法

头与躯干保持水平；动作要有节奏，延长滑行时间。

（五）水中救护

1. 间接救护

（1）救生圈。救生圈是游泳池常用的救生工具（见图 3－71）。一般抛投距离为救生员与溺水者 5～8 米的扇面范围。救生圈可系绳子或不系绳子。不系绳子在抛投救生圈时，应目测与溺水者的距离。手抛时应注意风向、风速及救生圈的轻重。系绳救生圈抛投时，技术要求同不系绳抛投救生圈相同。但是，事先要整理好绳子，手抛时手一定要握紧或用脚踩住绳子的另一端。当溺水者抓住救生圈后，将其拖至池岸边救起。

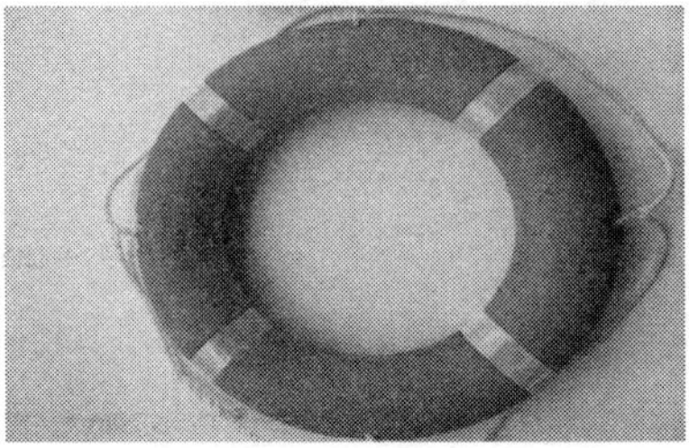

图3－71

（2）救生竿。救生竿是游泳池内常用的间接救生的专门器材之一。救生竿一般为长3～4米的竹竿，竹竿的一端有固定橡皮圈（见图3－72）。当发现溺水者在救生竿施救范围内时，可将救生竿有固定橡皮圈的一端由下而上递给溺水者，若救生竿前没有橡皮圈，可用竿轻轻点击溺水者的肩部，待其抓住竿后，将其拖到游泳池边。在向溺水者伸竿时，注意不要捅伤溺水者，不能敲击溺水者的头部，不要伤害溺水者的喉、咽、气管及其他器官等。

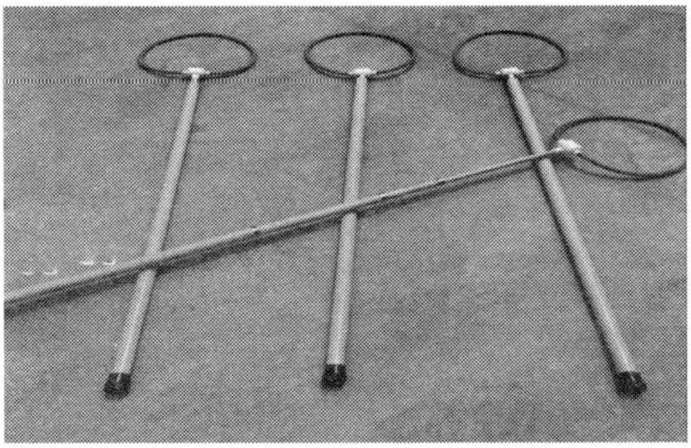

图3－72

（3）其他救生器物。当发生溺水情况时，由于情况紧急，救生员一时手边没有救生圈、救生竿，可根据溺水者的情况，利用一些其他物品进行施救，如毛巾、救生衣、泡沫塑料板、木板、长绳、长棍、球等（见图3－73），递或抛给溺水者，但应以不伤害溺水者为原则。

图 3 – 73

2. 直接救护

直接救护是救护者不借助任何救生器材，徒手对溺水者施救的一种技术。只要有其他方法能将溺水者拉到岸上，就不要下水去施救。当然，在万不得已的情况下，还是要下水施救。

（1）下水施救的常识。

①准备一块结实、足够长的长条布或毛巾、救生圈。

②避免与溺水者正面接触。如救生者在游向溺水者时与溺水者正面相遇，必须立刻采用仰泳的方式迅速后退。

③在溺水者抓不及处，救生员将布或毛巾、救生圈递过去，让溺水者抓住一头，自己抓住另一头，拖着溺水者上岸。

④救生员切忌让溺水者抓住自己的身体或四肢，若溺水者试图向自己靠近，要立刻松手游开。

⑤如必须用手去救，且溺水者十分惊慌失措，救生员则应从背后接近溺水者，从背后把溺水者牢牢抓住，抓住溺水者的下巴，使

溺水者仰面，靠近自己的头部，并用力用肘夹住溺水者的肩膀。

⑥安慰溺水者，尽量让溺水者情绪稳定。

⑦采取仰泳的方式将溺水者拖回岸边。

⑧若溺水者不省人事，可用手抓住溺水者的下巴，游回岸边。

（2）入水。入水分跨步式、蛙腿式、鱼跃浅跳式及其他方式。

①跨步式入水。一脚前跨，另一脚脚趾紧扣池边，并用力蹬地，在空中两腿一前一后成弓步状，上身含胸前倾，两臂侧平举，肘部自然弯曲，掌心向前下方（见图3－74）。入水时，两手向前下方抱压水，同时，两脚做剪水动作，形成向上的合力。救生员的头部始终保持在水面上，视线始终不离施救目标。

图3－74

②蛙腿式入水。眼看溺水者，单腿或双腿蹬离池（岸），跃起时两腿做蛙泳收腿动作，含胸收腹，两手臂侧平举，肘部自然弯曲，掌心向前下方（见图3－75）。入水时，两腿向下做蛙泳蹬夹腿，同时，两手臂向下抱压水，形成向上的合力。救生员的头部始终保持在水面上，视线始终不离施救目标。

图 3－75

③鱼跃浅跳式入水。根据实际情况，可在救生台上、池（岸）边或跑动中起跳。起跳时靠腿蹬离池（岸），躯干用力伸直，两臂由下而上摆动入水（见图 3－76）。入水要浅，头部尽快出水面，捕捉施救目标。

图 3－76

（3）接近。

①背面接近。在一般情况下，救生员应尽可能采用此方法。救生员游至距溺水者 1 米处急停（见图 3－77）。然后，右手托腋，另一手从溺水者的左肩处夹胸托右腋，或双手托腋，控制好溺水者（见图 3－78）。

图 3－77

图 3－78

②侧面接近。当溺水者尚未下沉，特别是两手在水面上挥舞挣扎时，可采用此方法。救生员游至距溺水者 3 米处，有意识地转向溺水者侧面游近，看准并果断、利索地用同侧手抓握住挣扎中的溺水者近侧手腕部，将溺水者拉向自己的胸前。然后，右手托腋，另一手从溺水者的左肩处夹胸托右腋，或双手托腋，控制好溺水者。

③正面接近。救生员入水后，游至距溺水者 3 米处急停，下潜至溺水者的髋部以下，双手扶住溺水者的髋部，将溺水者转体 180°，然后，右手托腋，另一手从溺水者的左肩处夹胸托右腋，或双手托腋，控制好溺水者。

④溺水者沉底接近。直接下潜至溺水者身旁，双手托腋，脚蹬池底，将溺水者托出水面。然后，右手托腋，另一手从溺水者的左

肩处夹，胸托右腋，或双手托腋，控制好溺水者。

（4）解脱。

①若被溺水者正面搂住，救生员需要把头低下潜入水中，并将溺水者的双臂向上推过头顶，迅速脱身到其够不着的水域。

②若被溺水者抓住一只脚，救生员需要用另一只脚踹溺水者的肩膀，迅速脱身到其够不着的水域。

③若被溺水者从后面搂住头颈部，救生员需要马上低下头保护咽喉，然后抓住其上面一只手腕往下拉，同时用另一只手托起其肘部。

④若以上方法都无法脱身，千万不要慌张，此时，可深深吸一口气，然后将溺水者按入水中，由于溺水者一心想浮出水面，此举使之往下沉，势必放手，趁势迅速脱身到其够不着的水域。若体力尚可，在脱身后可从后面接近溺水者进行施救。

（5）拖带。

①夹胸拖带法。救生员左臂从溺水者的右肩上穿过，上臂和肘紧贴溺水者的胸部，右腋紧贴溺水者的右肩，右手抄于溺水者的左腋下，并以此作为拖带的用力点。在运送过程中，救生员的右髋要顶住溺水者的腰背部，保持水平位置，以便于拖带（见图 3－79、图 3－80）。救生员根据自己的特长，可采用蛙泳腿或侧泳腿的技术游进。

图 3－79

图 3－80

②托双腋拖带法。救生员双手托住溺水者的双腋，稍含胸收腹，用反蛙泳技术进行拖带（见图 3－81）。

图 3－81

③托枕拖带法。救生员托住溺水者的后脑（枕部），采用侧泳或反蛙泳技术游进（见图 3－82）。

图 3－82

④双手托颌拖带法。救生员托住溺水者的颌骨处，使溺水者的口鼻始终保持在水面上，采用反蛙泳技术游进（见图3－83）。

图3－83

（6）上岸。池边上岸方法：救生员用右手握住溺水者的右臂，并将其右手先放到岸边，随后用左手将溺水者的右手压在岸边，用右手和两腿的力量支撑上岸。然后，迅速用右手拉住溺水者的右手腕，再用左手拉住溺水者的左手腕，将溺水者沉入水中（头不要没入水中），借助溺水者身体向上的浮力，将其背向拉上岸来，并立即进行抢救（见图3－84至图3－89）。

图3－84

图3－85

图 3－86

图 3－87

图 3－88

图 3－89

四、水中障碍训练

水中障碍训练是提高警察泅渡专项能力的重要手段。在 50 米的泳道中，依次设置滚筒、浮板、高台、水下圆筒和水中搜物五个障碍，学员需要在游程中进行泳姿转换交替完成，一般采用蛙泳和自由泳进行泳姿转换。游达障碍前约 2 米处，迅速将泳姿转换成蛙泳；越过障碍后，立即采用自由泳接近下一个障碍。

(一) 翻越滚筒技术

身体从滚筒上方通过，双手和小臂不得与滚筒接触，腿部踩水，利用大臂的推力和力量的惯性翻越滚筒（见图3-90至图3-92）。

图3-90

图3-91

图3-92

（二）翻越浮板技术

男生：双手放在浮板上发力撑起身体，同时腿部踩水。整个躯干部位高于浮板后，将腿跨上浮板，使整个人迅速移动至浮板的另一端，采用跳水出发技术翻越浮板。在浮板上移动要注意放低重心，必要时可以手脚并用来保持身体平衡，防止在移动中滑倒（见图3－93至图3－97）。

图3－93

图3－94

图3－95

图3－96

图3－97

女生：可以选择从浮板下方通过。采用潜泳技术从浮板下面游过去。注意在经过浮板时，要尽量地下潜，防止身体碰到浮板，造成受伤。

（三）翻越高台技术

男生：双手放在高台上发力撑起身体，同时腿部踩水。整个躯干部位高于高台后，将腿跨上高台，使整个人迅速移动至高台的另一端，采用跳水出发技术翻越高台。在高台上移动要注意放低重心，必要时可以手脚并用来维持身体平衡，防止在移动中滑倒（见图3－98至图3－102）。

图3－98

图3－99

图3－100

图3－101

图 3－102

女生：采用自由泳技术直接从高台下面游过去。注意在经过高台时，自由泳的移臂动作应尽量地贴近水面，防止手或手臂碰到高台，造成受伤。

（四）穿越水下圆筒技术

采用潜游技术通过圆筒。注意下潜前，应吸足气，然后憋气，再下潜。由于圆筒直径较小，不适合采用手臂技术和蛙泳腿部技术，因此，可以采用自由泳腿部技术或蝶泳腿部技术穿越水下圆筒（见图 3－103 至图 3－105）。

图 3－103

图 3－104

图 3－105

（五）水中搜物

根据出发前的指令捞取“物证”，并将其放至指定位置。

（六）踩水技术

以腰腹和大腿同时发力向下踩夹水，先伸髋，再伸膝，大腿和小腿内侧与两脚内侧向后做有力的边踩边夹动作，当两腿逐渐并拢时略向下做压踩水动作。

（七）憋气下潜技术

将口腔（嘴）、鼻紧闭，根据技术动作的节奏特点，有意识地、暂时停止呼吸动作。憋气后，上身迅速向水下斜约45°方向，采用蛙泳技术进行下潜。

训练方法：在游泳池中水区内，进行自由泳游进时转换成蛙泳，再由蛙泳游进时转换成自由泳的体会练习。通常情况下，在刚掌握姿势转换游动技能时，快速启动是个难题，所以，每一次训练的最后都要安排适量的专项力量训练，以便提高身体的适应性。在安排专项力量训练时，要做到循序渐进。

训练步骤：先看教学视频，牢记考核标准。然后，根据由易至难的顺序，熟练掌握每一个障碍物的翻越技术。最后，将水中障碍的每一个翻越技术贯穿整合，逐步提高训练成绩。

问题与思考：

1. 警察越障训练的意义与原则是什么？

2. 警察泅渡与基础游泳和实用游泳的区别有哪些？实用游泳的动作要领是什么？

3. 警察水中救护的注意事项有哪些？

第四章　警察体适能测试与评估

本章提要： 警察体适能测试与评估是指对警察体适能训练效果与水平进行全面监测、分析、评估的全过程。本章立足于体适能训练理念，根据全国公安民警综合体能练兵手册项目设置，结合公安工作实际，对开展身体形态、身体机能与身体素质等方面的测试与评估方法、测评或训练的准备与放松技巧、运动处方制定方法进行了介绍，旨在使民警更好地了解自身的体适能状况，更加科学地安排相应的训练。

第一节　警察体适能测试与评估方法

一、身体质量指数

项目介绍：身体质量指数（BMI）是依据体重与身高的比值来判断人体的充实度、机体的组织密度以及体重的适宜度和肥胖度，可反映因超重、肥胖而面临心脏病、高血压等的风险。该评定方法简单实用，且精确度较高。

测试器材：身高、体重测试仪。

计算公式：身体质量指数（BMI）＝体重（kg）/身高（m）的平方。

二、速度（50米跑）

项目介绍：50米跑属于无氧运动，能够有效测定人体快速运动的能力。

场地器材：田径场50米跑道，要求跑线清楚；发令枪或发令旗，计时秒表。

测试方法：发令员、计时员、成绩记录员若干名。受测试者可采用单人或多人分道测试，起跑姿势不限，在起跑线外听到或看到开始信号后起跑，抢跑者视为违例（违例3次，成绩无效）。计时员看到发令信号时开始计时，当受测试者躯干到终点时停表。成绩以“秒”为单位，精确到小数点后一位。

动作要求：

（1）起跑姿势不限，禁止踩线或抢跑。

（2）在各自跑道内完成测试，禁止窜道。

三、肌肉适能

（一）1分钟仰卧起坐（女子）

项目介绍：仰卧起坐测试是评价肌肉力量和耐力的方法之一，主要反映人体腰腹部肌群的力量及持续工作的能力。考虑到其测试的安全性和难易度，将其单独作为女警的一个测试项目。

场地器材：测试场地不限；垫子若干块，要求铺放平坦；计时秒表。

测试方法：计时员、计数员、监督员若干名。测试时，两人一组，一人计时，一人计数。发现受测试者有违例情况，要及时指出，违例动作不计次数。在测试过程中，要给受测试者报数。

动作要求：

（1）受测试者全身仰卧于垫上，屈膝，两脚稍分开，一律采取双手置于耳侧，大腿与小腿约成90°，辅助人员压扶脚部。

（2）仰卧起始时肩胛骨碰触软垫，收腹起坐时双手始终置于耳侧，双肘触到膝关节，视为完成一次。禁止使用肘部撑垫或臀部上挺和下落的力量起坐。

要点提示：

（1）仰卧起坐时，双手始终置于耳侧。

（2）仰卧时吸气，起坐时呼气。

（二）1分钟俯卧撑（男子）

项目介绍：俯卧撑主要是为了锻炼人体上肢、胸部、腰背和腹部的肌肉力量，可以提高人体静力性和动力性力量素质。考虑到该项运动普及度高、操作难度低且不易受伤，因此将其作为40岁以上男性民警的力量考核项目。

场地器材：平坦地面（室内、室外均可），计时秒表。

测试方法：计时员、计数员、监督员若干名。按照统一计时、分组计数、多组同时进行的方式开展测试。

动作要求：

（1）受测试者双手略宽于肩撑地，双腿向后伸直。

（2）屈臂下撑时，上臂与前臂成90°，头、躯干及下肢成直线（不能弓背或塌腰）；发力撑起时，肘关节撑直，头、躯干及下肢姿态不变，视为完成一次。

要点提示：

（1）俯卧撑起时，躯干始终保持平直。

（2）下降时吸气，撑起时呼气。

（3）手肘不要向外打开。

（三）引体向上（男子）

项目介绍：引体向上是测试人体上肢和肩带力量的测试项目，是衡量男性体质与体适能的重要参考标准和项目之一。考虑到运动方式和运动强度具有一定的难度，因此将其作为40岁以下民警的测试项目。

场地器材：地面平坦的室外单杠场地或室内用于开展引体向上训练的专业器材；垫子若干块，用于保护。

测试方法：计数员、安全员、成绩记录员若干名。分组进行测试，要求杠下有2名安全员分别站在受测试者的侧后位置，做好保护工作。

动作要求：受测试者一律采取正握杠，双手开度与肩同宽或略宽于肩，直臂悬垂起始，发力上拉身体至下颌过杠，视为完成一次。每人可测试一次。

要点提示：

（1）双手紧握单杠，沉肩挺胸。

（2）向上引体时呼气，下落还原时吸气。

（3）双肘指向地面。

（四）握力

项目介绍：握力主要反映人体前臂和手部肌肉力量的发展水平，与人体体质健康密切关联，是有效评定体能衰退和体质变化状况的重要手段。

场地器材：测试场地不限，握力测试专用器材若干（测试器材需符合国家相关标准）。

测试方法：成绩记录员若干名，受测试者强侧手测量2次，取最好成绩作为最终测试成绩。

动作要求：

（1）自然站立，用强侧手的拇指和虎口为一点，另外四指为一点，两点用力向中间夹。

（2）禁止依靠身体部位夹握或将握力器来回摆动。

要点提示：

（1）身体站直，双脚自然分开，握力器尽量不要碰到身体或衣服。

（2）肩关节轻微外展，用全力握紧握力器并呼气。

（五）立定跳远

项目介绍：立定跳远是测量向前跳跃时下肢肌肉的爆发力、弹跳力以及身体协调能力发展水平的指标。

场地器材：测试场地不限，立定跳远测试专用器材或皮尺。

测试方法：成绩记录员、监督员若干名，测试成绩以“米”为计量单位，保留到小数点后两位。每人可测量两次，取最好成绩作为最终测试成绩。

动作要求：

（1）两脚自然平行开立站在起跳线后，两脚同时起跳，起跳时脚尖不得触线。

（2）起跳落地后向正前方离开。

要点提示：

（1）起跳前，需要先让身体预摆，双脚分开与肩同宽，两手臂肘部弯曲上下摆动，两腿膝盖下压降低身体重心，身体略微前倾，手部和脚部动作协调并与呼吸配合。

（2）起跳时，脚部和手部摆动需要同时加速，双脚在起跳前一瞬间用力蹬地，双臂用力向后摆动并在空中将身体展开。

（3）落地时，腹部收紧、小腿前伸，双臂保持用力向后摆动的状态，膝盖略微弯曲，让身体在落地时能够起到缓冲的作用。

四、心肺适能

（一）2000 米跑

项目介绍：2000 米跑是以“12 分钟跑”国际通用有氧耐力运动项目为依据，该项目对于促进公安民警的体质健康和身体机能具有重要作用。50 岁以上人员视身体情况可采用慢跑、快走或走跑结合的方式进行。

场地器材：400 米田径场，发令枪或发令旗，秒表，号码标识若干。

测试方法：发令员、计时员、监督员、成绩记录员若干名，受测试者按组别进行测试，起跑姿势不限。受测试者在起跑线外听到或看到发令信号时起跑，抢跑者重跑。计时员看到发令信号时计时开始，当受测试者躯干到达终点时停表。计时员准确报时，成绩记录员负责登记每人成绩。测试成绩以“分 + 秒”为单位，不计小数。

动作要求：

（1）起跑后不分跑道。

（2）测试过程中不准推、拉或者故意阻挡他人，不得借助他人力量跑进。

要点提示：

（1）直道跑技术。身体正直微前倾，保持高重心，下颌微收，两眼平视前方，全程保持匀速状态直到冲刺阶段。

（2）弯道跑技术。左脚前脚掌外侧、右脚前脚掌内侧着地，左腿膝关节外展，右腿膝关节内扣，两脚平行，跑向弯道的切线方向，身体重心向内侧倾斜，协调用力，速度越快倾斜角度越大，右臂的摆幅稍大于左臂的摆幅。

（3）冲刺跑技术。加快摆臂速度，加大摆幅，同时配合腿部动作加快频率。

（4）控制呼吸节奏。呼吸节奏因人而异，一般采取两步或三步一呼一吸的方法，即跑两步或三步吸气一次，再跑两步或三步呼气一次。吸气时，采用以鼻吸为主，或张口协助鼻吸的方式；呼气时，采用以口呼为主，或口鼻并呼的方式，整个呼吸过程为胸式呼吸。随着速度的加快和疲劳的出现，呼吸的频率和深度可适当增加。

（二）200 米游泳

项目介绍：200 米游泳是一项全身性运动，可以舒展肌体、调节体温、舒缓情绪，增强人体的心肺功能。

场地器材：符合 GB－19079 标准的游泳场所，口哨或发令枪，秒表，救生器材等。

测试方法：发令员、计时员、成绩记录员、监督员、救生员若干名。发令员站在游泳池的侧面，离出发池端 5 米以内处发令，采用哨声或发令枪发令均可。计时员听到出发信号时立即按动计时表，在受测试者抵达终点时停止计时。测试成绩以“分＋秒”为单位，不计小数。

动作要求：受测试者统一从出发台或池壁出发，可采用任何泳式，不间断完成 200 米游泳，转身和到达终点时，必须用身体某一部位触池壁。

要点提示：不能借助任何外力完成泳程，也不能在中途借助外力休息，中途可以转换泳姿。

五、柔韧适能

（一）坐位体前屈

项目介绍：坐位体前屈可以有效测量人体在静止状态下，躯干、腰、髋等关节的韧带和肌肉的伸展性、弹性，以及身体柔韧适能的发展水平。发展柔韧适能，对于有效提高运动技能、防止运动损伤等具有积极作用。

场地器材：测试场地不限（建议采用室内场馆），坐位体前屈测试专用器材。

测试方法：监督员、成绩记录员若干名。测试前，将测试仪器脚蹬挡板内沿平面标尺归零，向内为负值，向外为正值，测试成绩以厘米为单位，保留一位小数（四舍五入）。每人可测试 2 次，取最好成绩作为最终测试成绩。

动作要求：

（1）受测试者面向测试仪，坐在垫子上，双腿向前伸直，两脚脚尖自然分开 10～15 厘米，全脚掌蹬在测试仪的挡板上。测试人员调整导轨高度使受测试者脚尖平齐于游标下缘。

（2）测试时，受测试者双手并拢，掌心向下平伸，膝关节伸直，上体前屈，用双手中指指尖推动游标平滑前进，直到不能推动为止。

要点提示：身体前屈时，两腿膝关节不能弯曲，受测试者应匀速缓慢向前推动游标，不得突然发力。

（二）立位体前屈

项目介绍：立位体前屈又称为站位体前屈，是简易测试人体柔韧适能的方法之一。当坐位体前屈测试器械受限时，可采用立位体前屈进行测试。

场地器材：平面方凳（或平面台阶），在凳子侧面安放一把刻度尺，以凳面为“0”点，往上 25 厘米，往下 40 厘米。

测试方法：受测试者站立于方凳前沿，两腿伸直，足跟靠拢，足尖自然分开，两手指尖（要齐）沿刻度尺尽量做体前屈，以中指指尖所触及的刻度为测量值，测试 2 次，取最大值。凳面以上为负值，凳面以下为正值，以厘米为单位，精确到小数点后一位。

要点提示：测试时，受测试者应将头部置于两臂之间，手臂伸直，动作轻缓，不宜用力过猛。

六、敏捷度与协调性（10 米 ×4 往返跑）

项目介绍：10 米 ×4 往返跑的成绩反映了受测试者的动作速度、灵敏协调能力。10 米 ×4 往返跑由起跑、加速、急停（触标志物）、急转等环节组成。

场地器材：10 米长的直线跑道，在跑道的两端各画一条 5 厘米宽的直线（S1 和 S2），将木块（10 厘米 ×5 厘米 ×5 厘米）按每道 3 块竖立摆放（其中 2 块放在 S2 线外，1 块放在 S1 线外），秒表若干块。

测试方法：发令员、计时员、监督员、成绩记录员若干名。每人可测试 2 次，取最好成绩作为最终测试成绩。测试成绩以“秒”为单位，保留一位小数。

动作要求：受测试者以站立式起跑，听到发令后从 S1 线外跑到 S2 线前（脚不得踩线），以手掌将竖立的木块推倒后折返，往返跑 4 次。出发抢跑、折返踩线及未推倒木块不计成绩。

要点提示：

（1）推倒木块（瓶子）时，脚不要越过 S1 和 S2 线。

（2）腰部、脚掌和大腿配合协调，确保手部放置木块动作稳定。在折返过程中，重心控制在后侧腿，以利于迅速转体。

（3）到达折点时，身体反向倾斜，避免因惯性摔倒。

（4）采用单手换木块。单手换放木块的转身只有 90 度，有利于转身后的迅速起跑。

以上测试与评估标准可参考《全国公安民警综合体能练兵测评标准》。

第二节 准备与放松

一、准备

（一）准备活动的生理功能

准备活动是体适能训练必不可少的环节。科学的准备活动，一是可以提高中枢神经系统的兴奋性，使大脑反应速度加快，使参与活动的运动中枢间相互协调；二是可以克服内脏器官生理惰性，提高心血管系统和呼吸系统的机能水平，使肺通气量及心输出量增加，心肌和骨骼肌的毛细血管扩张，使工作肌能获得更多的氧；三是可以提高机体的代谢水平，使体温升高，降低肌肉的黏滞性，提高肌肉收缩和舒张速度，增加肌肉力量。在体温较高的情况下，血红蛋白和肌红蛋白可释放更多的氧，增加肌肉的氧供应。体温升高可以增加体内酶的活性，提高物质代谢水平，保证在运动中有较充足的能量供应；可以提高中枢神经系统和肌肉组织的兴奋性；可以增加肌肉的伸展性、柔韧性和弹性，从而预防运动损伤。

（二）准备活动的内容

准备活动的时间一般为 10 ~ 15 分钟。气温较低时，准备活动的时间可适当长一些，量可大一些；气温较高时，准备活动的时间可短一些，量可小一些。准备活动分为一般性准备活动和专门性准备活动。一般性准备活动主要是一些全身性身体练习，如慢跑、小步跑、高抬腿、跨步跳、后蹬跑、车轮跑、侧身跑，以及从头部到脚部的徒手关节操等。一般性准备活动的作用是提高整体的代谢水平和大脑皮层的兴奋状态，减少运动损伤的发生。专门性准备活动是指与所从事的体适能训练内容相适应的运动练习，如针对一般运动体适能的心肺适能、肌肉适能进行特定部位及要求的准备活动，或根据专项体适能的特点，开展与之相适应的准备活动。除非进行一些专门性运动和比赛，常规情况下只需进行一般性准备活动，即可进行正式的体育活动内容。

（三）动态拉伸

1. 动态拉伸的概念

动态拉伸也叫动态伸展，通常作为体育运动前的热身活动，通过拉伸肌肉为接下来的运动提供安全保障。动态拉伸是一种专项运动的功能性拉伸练习，这些练习采用专项动作或专门动作为身体做好活动准备。动态拉伸针对将肌肉、关节以及运动平面整合在一起的各种动作模式，而静态拉伸则通常集中在单肌群、单关节及单一运动面。

动态拉伸除了能增加关节活动范围外，还能增强肌肉、肌腱的弹性，使肌肉与肌腱的性能得到一定程度的改善，从而起到预防运动损伤的作用，对关节肌肉稳定性、力量—爆发力、速度—灵敏性、心肺耐力均有不同程度的提升。

2. 动态拉伸动作及其练习方法

（1）足尖走。

目的：提高踝关节肌力、功能性活动度和稳定性，以及小腿肌群的力量。

起始姿势：正直站立，肩部后收。

①双脚足跟上提，以前脚掌站立，保持平衡。

②左腿向前迈出，并将左前脚掌向地面推挤（重心前移），蹬脚尖向上抬升身体（见图 4－1、图 4－2）。该动作可以帮助激活小腿肌群收缩。

③迈出右腿并重复上述过程，双腿持续交替行走。

图 4－1

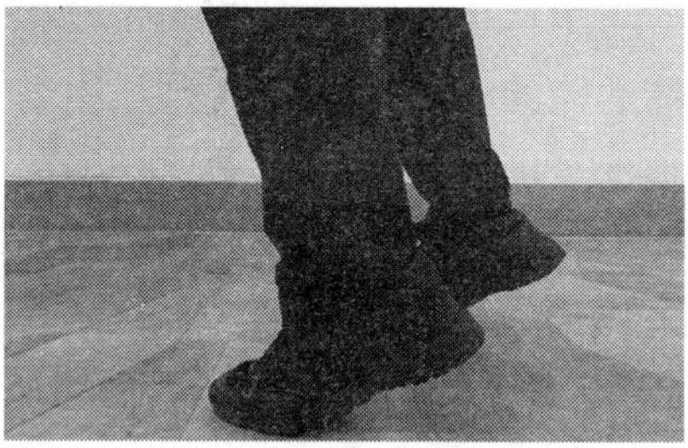

图 4－2

（2）足跟走。

目的：提高踝关节肌力、功能性活动度和稳定性，强化胫骨周围肌群，减少胫腓骨疲劳性骨膜炎的发生。

起始姿势：正直站立，肩部后收。

①抬起足尖（见图4－3）。

②左腿向前迈出，并将身体重心落在足跟部位，保持足尖朝上。该活动可以激活胫前肌，小腿前部从膝盖延伸至踝部的肌肉。

③迈出右腿并重复上述过程，双腿持续交替行走（见图4－4）。

图4－3

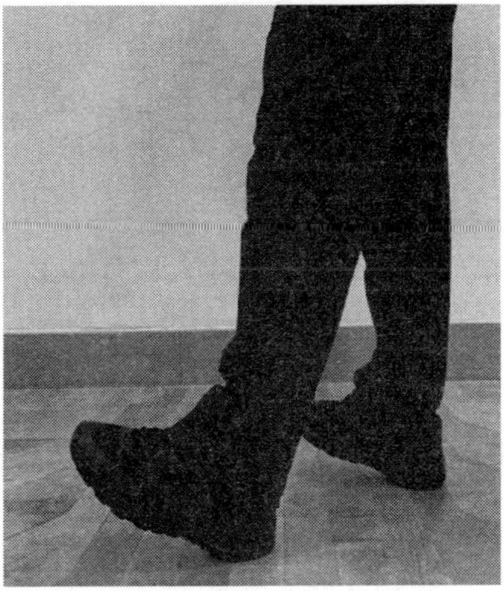

图4－4

（3）踝侧走。

目的：提高踝关节肌力、功能性活动度和稳定性，同时能够预防常见踝部扭伤（如踝关节内翻扭伤等）。

起始姿势：正直站立，肩部后收。

①双脚内翻，依靠双脚外缘保持平衡。

②左脚迈出，并将身体重心落在迈出的左脚上，最终将左脚足弓贴至地面（见图4－5、图4－6）。

③迈出右脚重复上述动作，双脚不断交替进行练习。

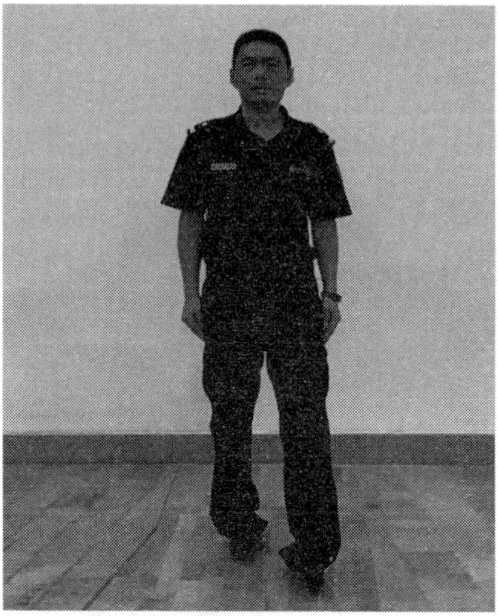

图 4－5

图 4－6

（4）提膝走。

目的：提高下背部和髋屈肌群的功能性活动度，同时提高动态平衡和姿态控制能力。

起始姿势：正直站立，肩部后收。

①提起左膝并用双手抱住，将膝盖拉向前胸。同时，提起右脚足跟，提升身体，并保持从足跟向上至头顶的身体正直，保持该姿势约 2 秒（见图 4－7）。

②慢慢放开膝盖，左腿向前迈出，换右腿重复上述动作，双腿不断交替进行练习。

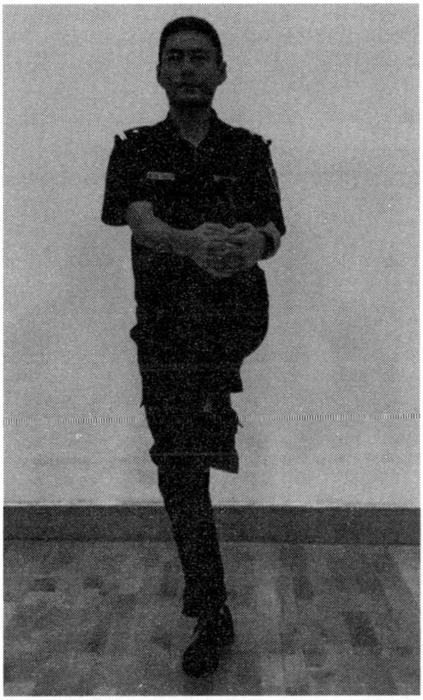

图 4－7

（5）四头肌拉伸走。

目的：提高髋屈肌群和股四头肌的柔韧性，同时提高单腿平衡能力。

起始姿势：正直站立，肩部后收。

①左膝弯曲，用左手从后侧抓住左脚背。同时，提起右侧足跟，提升身体，保持该姿势约 2 秒（见图 4－8）。

②放下左脚，向前迈出，换右腿重复上述动作，双腿不断交替进行练习。

图4－8

（6）蛙式原地侧向提膝。

目的：提高髋关节尤其是髋外旋肌群的功能性活动度，同时提高髋关节和腿部的协调性。

起始姿势：正直站立，肩部后收，将双臂外展与肩同高，掌心向前。

①屈左髋（提左膝）并外旋，尽力向腋下方向提膝（见图4－9）。

②左腿落下后，右腿重复上述动作，双腿交替进行练习。

图4－9

高级练习：为提高难度，可以加入跳跃动作，要求锻炼者具备非常好的协调性，并能产生很好的快速伸缩复合训练效果和反应。

（7）单腿鸵鸟走。

目的：提高功能性活动度、单腿平衡能力和四肢协调能力。

起始姿势：正直站立，肩部后收。

图 4－10

①左腿向前迈出，向上伸展右臂，同时保持膝盖微屈，然后慢慢向后伸直右腿，膝盖绷直，同时外展左臂（见图 4－10）。

②脊柱保持中立位，目视前方（避免目视地面），缓慢弯腰，同时右手向下（肘关节绷直）触碰左脚尖，保持该姿势约 2 秒。做此动作时，可向外伸展左臂以保持平衡。练习时，应感觉臀部和腿部肌群的拉伸。

③缓慢还原动作至起始姿势，双侧交替进行练习。

初级练习：初学者可以改用比较简单的“飞机式”练习，在完成动作②、③时不用手触碰脚尖，只是双臂水平打开成“T”字形。

（8）双手撑地走。

目的：提高上半身肌肉的力量和耐力，尤其是保持肩部稳定性的肌群。

起始姿势：双手撑地，身体平直，保持在俯卧撑的升高位。

保持良好的俯卧撑升高位，足部固定，依靠双手向左侧“行走”，然后再向右“走”回（见图4－11）。

图4－11

（9）手走拉伸——虫蠕式行走。

目的：提高下背部和腘绳肌的柔韧性，同时提高手臂、肩部和核心力量。

起始姿势：保证双腿伸直，全脚掌着地，俯身双手撑地（抬高臀部），双臂尽可能地向前伸展。

①保持整个背部和腿部平直，慢速向前走，在保持双腿伸直的情况下，双脚尽可能向撑地的双手移动。做此动作时，应感觉腘绳肌和下背部的拉伸（见图4－12、图4－13）。

②当接近撑地手后，慢慢地用手向前“行走”，腿部保持不动，直至还原到起始姿势。以此方式不断向前“行走”。

图 4－12

图 4－13

二、放松

（一）一般放松

1. 睡眠

睡眠是最重要的休息方式之一，从而更好地适应训练对身体和精神上的要求。只有保障了充足的睡眠，肌肉才能更好地生长。研究显示，只要 30－36 小时的睡眠剥夺就会导致表现（身体和精神）的下滑。这些丧失的睡眠时间是在一段时间内积累而成的，并不一定是一次性的缺失。长期睡眠不足，会让你欠下“睡眠债”。

2. 营养

营养是综合康复和再生策略的基石，营养策略的有效运用，可以使训练表现最优化。一个扎实的补充能量和水分的方案，可以通过提高激素控制和肌肉功能对你的练习反应产生积极的影响。其基本原则有：

（1）规律饮食。

（2）少吃糖和加工食品。

（3）多吃水果和蔬菜。

（4）大量饮水（每天 2.5 升）。

3. 身体管理

身体管理分为主动休息和被动休息。主动休息，即通过有益于恢复的运动，主动积极地使自己的身体达到休息的状态。常见的方式有：步行、交叉训练、柔韧性和灵活性训练、拉伸等。被动休息，即在没有自我意识控制下的身体自我修复，常见的方式有：阅读、听音乐、看电影等。

4. 按摩

越来越多的高水平运动员将按摩作为恢复策略的一部分，业余运动员和周末健身者也将按摩作为主流恢复方式。按摩在生理学上的益处包括：扩张血管，增加血流量，促进血氧和营养物质的吸收；促进乳酸的清除；温暖和拉伸软组织；增加柔韧性，修复微创伤、硬结和粘连。按摩在心理上的益处也不容忽视，如有助于改善情绪状态、促进放松、减轻疲劳感、提高本体感觉等。

5. 静态拉伸

静态拉伸是指通过缓慢的动作，将肌肉、韧带等软组织拉长到一定程度时，保持静止不动状态的练习方法。

（1）静态拉伸的效果。

①改善关节活动范围、缓解机体疲劳和减少运动损伤等。

②由于静态拉伸动作匀速、缓慢且运动幅度小，牵张反射会受到抑制，过程中虽然软组织可能会有不适的牵拉感，但不会有疼痛的感觉。

③当静态拉伸时间足够长时，就会激活高尔基腱器而导致肌肉放松，因此被作为训练与比赛结束后常使用的恢复手段。

静态拉伸也曾长期用于准备活动中，作为提升运动状态、减少肌肉酸痛与预防伤病的方法，但也有相关研究证明，静态拉伸会降低肌肉的力量、爆发力、速度，反应时间与动作时间，以及力量耐力。

因此，适当掌握准备活动中静态拉伸与动态拉伸的比例和前后顺序，可以达到既增大训练与比赛所需的关节活动范围，又提高肌肉工作效率的目的。

（2）静态拉伸的原则。

①一般静态拉伸的顺序应自下而上、从大到小进行。在运动结束后，由于血液受重力影响，大量积聚在下肢扩张的静脉与毛细血管网内，因此，静态拉伸最好按照下肢到躯干再到上肢的顺序。这样的顺序有助于静脉血回流。

②先拉伸大肌肉群，后拉伸小肌肉群。除了血液大多集中在大肌肉群，需要率先回流的原因外，同时也考虑到运动后大肌肉群的紧张度直接影响关节的活动范围，先进行大肌肉群的静态拉伸练习有利于更好地放松。

目前，普遍认为在拉伸的位置保持 10 ~ 60 秒为最佳的拉伸时间，时间过长的静态拉伸没有达到比预计期待更好的效果。例如，健身教练国家职业资格当中的标准，静态拉伸时间为 15 ~ 30 秒。

（3）静态拉伸的方法。

①颈部拉伸（见图 4 – 14、图 4 – 15）。

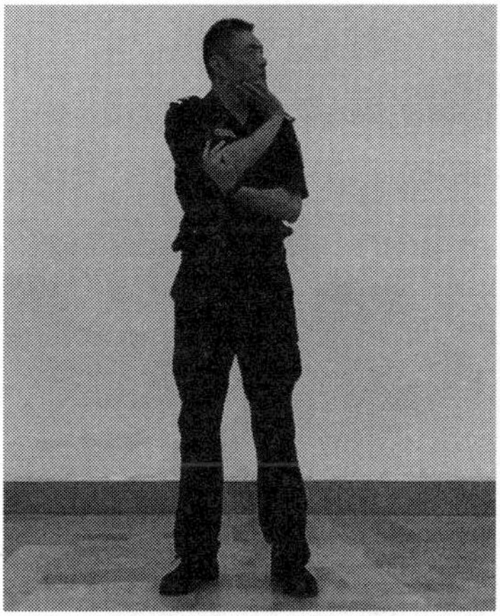

图 4 – 14

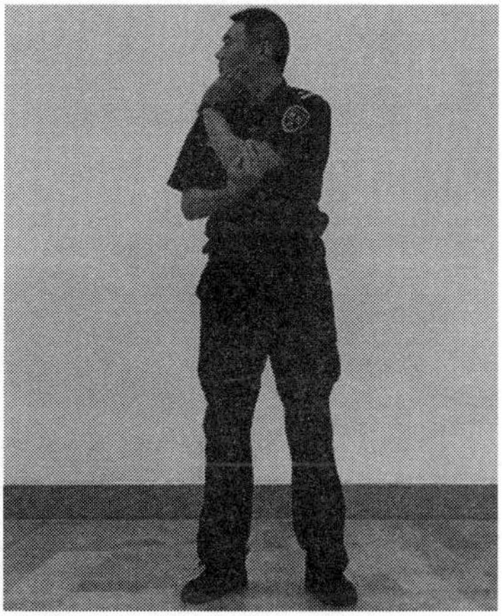

图 4 – 15

②肩部拉伸（见图 4 - 16、图 4 - 17）。

图 4 - 16

图 4 - 17

③腹部拉伸（见图 4 - 18）。

图 4 - 18

④背部拉伸（见图 4 - 19）。

图 4 - 19

⑤腿部拉伸（见图4－20）。

图4－20

⑥大腿前侧拉伸（见图4－21、图4－22）。

图4－21

图4－22

⑦大腿内侧拉伸（见图4－23）。

图4－23

⑧臀部拉伸（见图4－24、图4－25）。

图4－24

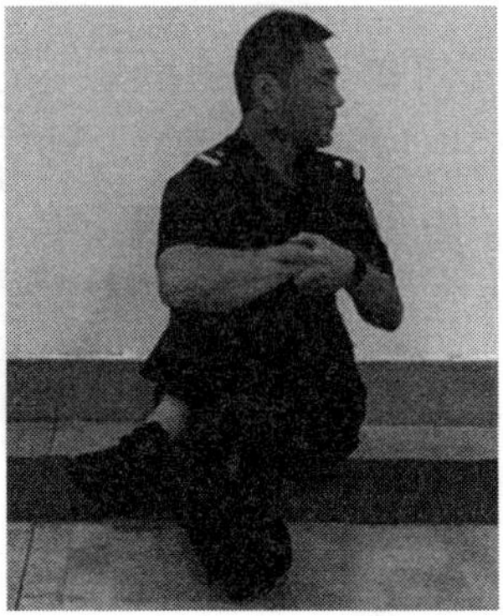

图4－25

（二）器械放松

1. 水疗

（1）泳池恢复单元训练。游泳池为恢复单元提供了一个绝佳的环境。由于水的浮力和阻力特性，使我们能够在对身体影响最小的情况下完成训练。许多专家建议在进行高强度的训练或比赛之后，在泳池完成20分钟的恢复单元训练。

（2）冷热水浴。交替用热水和冷水淋浴（盆浴）可以增加流向做功肌肉的血液，加速代谢副产物的清除。研究者还提出，冷热水浴可以刺激神经系统，有助于提高人们的注意力。

（3）冷浴。冷浴最早被用于缓解疼痛。最近，有研究结果显示，冷水浸泡或许能够提高肌肉的功能，减少肌肉损伤，减轻运动后的延迟性肌肉酸痛。

2. 肌肉电刺激

肌肉电刺激（EMS）也称为神经肌肉电刺激（NMES），是一项应用20～50Hz低频电流通过电极刺激特定肌肉群使其抽搐或者收缩，继而达到“功能”修复的技术，近年来受到越来越多的关注。其可以通过对静脉循环加速训练后产生的代谢废物的清除，加速肌肉恢复，减轻运动后24小时内的延迟性肌肉酸痛。

3. 冷疗

全身冷疗是将身体暴露在用恒温冷箱控制在11℃～14℃的非常寒冷的空气中，一般每次2～4分钟，每天1～2个单元（总暴露时间20～40分钟），用于缓解疼痛和降低炎症反应。作为一种促进肌肉损伤恢复的方法，冷疗法逐渐得到广泛应用。

4. 泡沫轴放松

泡沫轴放松，简单地说就是用“滚一滚”的方法来放松肌肉和筋膜。具体方法是调整姿势，把身体需要放松的部位压在泡沫轴上，用体重施加压力，然后缓缓滚动泡沫轴。这种缓缓滚动的压力可以使原本僵硬的肌肉和筋膜逐渐松解、柔软。泡沫轴的一项使用原则就是泡沫轴方向垂直于肌纤维方向，滚动方向与肌纤维走向一致。泡沫轴全身放松动作包括以下几种：

（1）泡沫轴背部放松（见图4－26）。

图4－26

（2）泡沫轴双腿前侧放松（见图4－27）。

图 4－27

（3）泡沫轴单腿腿内侧放松（见图 4－28、图 4－29）。

图 4－28

图 4－29

（4）泡沫轴单腿腿外侧放松（见图 4－30）。

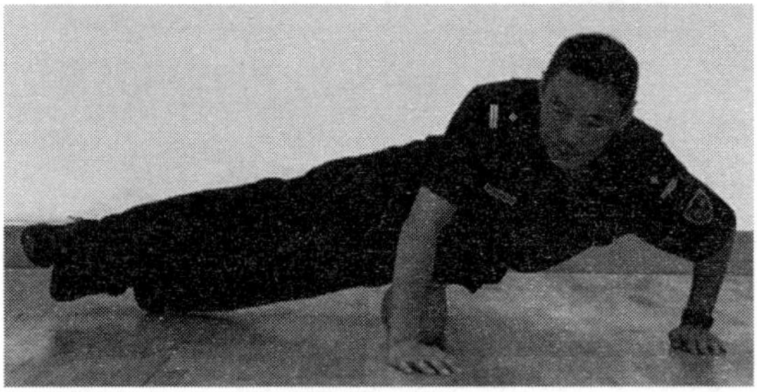

图 4－30

（5）泡沫轴大腿后侧放松（见图 4－31）。

图4－31

（6）泡沫轴臀部放松（见图4－32）。

图4－32

（7）泡沫轴小腿后侧放松（见图4－33）。

图4－33

（8）泡沫轴小腿前侧放松（见图 4－34）。

图 4－34

第三节　运动处方

一、运动处方的概念

1879 年，美国哈佛大学的 Dudley Sargent 博士设计了个体化的运动处方，以改善人体的结构和功能，进而达到促进人体健康的目的。作为一个专有名词，运动处方（the exercise prescription）是指针对个人的身体状况而制定的一种科学的、定量化的、周期性的锻炼方案。具体地说，就是根据锻炼者身体检查的资料，按其健康状况、体力情况及运动的目的，用处方的形式制定适当的运动种类、运动强度、运动时间及运动频度，进行有计划的周期性锻炼的指导性方案。

运动处方根据锻炼者运动目的、性质的不同，分为健身运动处方、康复运动处方、减肥运动处方、竞技运动处方和健美运动处方等。

二、运动处方的意义与作用

运动处方最大的特点是因人而异，针对性较强，能够对锻炼者提出具体的运动负荷量度和运动方式，从而保证身体锻炼的科学性和有效性。研究认为，运用运动处方锻炼，可收到如下明显的锻炼效果：

（1）有助于保证锻炼的科学性和系统性，克服日常锻炼中存在的弊端，同时便于对整个身体锻炼过程进行反馈调节。

（2）有助于增进身体健康，提高身体机能。一般来说，人们参加运动处方锻炼，是为了改善自身身体状况，提高健康水平，预防疾病。按照运动处方进行锻炼，能够有效地提高机体的肌肉耐力、肌肉力量、爆发力，以及身体的灵敏性、平衡性和柔韧性等，进而促进身体运动能力的提高。

（3）能够治疗疾病，使机体康复。许多慢性病患者，常常把运动处方作为治疗疾病和康复疗法的一种手段。严格地按照运动处方进行锻炼，可以有效地提高机体对疾病的抵抗能力，从而达到治疗疾病的效果。

三、运动处方的基本要素

尽管运动处方有不同的种类，但都必须具备构成运动处方的基本要素，即一个完整、科学的运动处方必须有明确的运动目的，根据运动目的和运动者的身体机能状态选择适当的运动类型（运动种类）、运动强度、运动时间，以及在一天中运动的时间带、运动的频度等。

（一）运动目的

运动目的，即根据个体不同的身体状况和个人意愿而确定的运动目标。运动目的是建立在需要的基础上的。根据需要的不同类型，运动目的主要包括以下几个方面：

（1）促进生长发育。

（2）增强体质，防止疾病，促进健康。

（3）保持健康，延缓衰老。

（4）运动康复，治疗疾病。

（5）缓解压力，提高工作效率。

（6）丰富文化生活，调节心理状态，提高生活质量。

（7）增强专项体能，提高竞技水平。

（8）锻炼身体不同部位的肌肉，塑造形体美。

（二）运动类型

运动类型，即运动的种类。运动类型是确定运动处方性质的重要因素，必须根据运动目的来选择适当的运动类型。运动类型按运动项目划分，可分为田径、体操、球类等；按身体运动机能能力划分，可分为力量性运动、速度性运动、耐力性运动、柔韧性运动等；按动作特点划分，可分为有氧代谢为主的运动、无氧代谢为主的运动、乳酸能代谢为主的运动等。在此，有必要将运动练习的生理学分类作一简要介绍。

1. 运动练习的生理学分类

体育运动是由各种动作组成的。从生理学角度看，运动练习（或称身体练习）是指人体在体育运动时所完成的各种不间断的、彼此联系的动作的总和。生理学分类是把具有相似功能特征的运动练习归并为一类，以利在运动中采用同一类练习来提高同一生理器官、系统的机能能力，从而提高同一种运动能力以及对同类运动技能的掌握程度。在运动生理学中，常用的运动练习有以下几种类型：

（1）按肌肉活动特征分类。根据肌肉的活动特征，可将运动分为动力性运动与静力性运动。进行动力性运动时，身体多个环节均有位移，如走、跑、跳等。进行静力性运动时，身体多个环节在一定时间内维持相对固定姿势，如支撑倒立、蹲马步和十字悬垂等。

（2）按技术动作结构特征分类。根据技术动作的结构特征，可将运动分为周期性运动、非周期性运动和混合性运动三大类。

周期性运动是按一定程序周而复始地重复相同动作的运动，如走、跑、骑自行车、滑雪、划船和游泳等。这类运动的动作结构简单，强度易于控制。周期性运动是运动处方中采用较多的运动类型。

非周期性运动是按一定顺序进行的、各个动作要素没有周期性重复的运动，如体操、武术、摔跤、跳水、羽毛球和乒乓球等。这类运动对动作的技术要求较高，不容易掌握，但能较好地提高参与者的运动兴趣和保持运动的兴奋状态。

混合性运动是既有周期性运动成分又有非周期性运动成分的运动，如跳高、跳远、篮球、足球、手球和花样滑冰等运动项目。运动中的跑动是周期性的，而跳跃、投篮、射门和传球等动作属于非周期性运动。

（3）按肌肉工作的相对强度分类。根据完成各种运动的速度与时间之间的关系，以及肌肉工作的强度，可将运动分为极限强度运动、次极限强度运动、大强度运动和中等强度运动。

极限强度（最大强度）运动是指人体持续以最大速度或最大力量工作的运动，持续时间为 10 ~ 30 秒，如 100 米跑、200 米跑、50 米游泳和短道速滑等周期性运动，以及跳高、跳远、投掷、举重和跳马等非周期性运动。

次极限强度（次最大强度）运动是指人体快速紧张工作能持续 30 秒至 3 分钟的运动，如 400 ~ 1500 米跑、100 ~ 200 米游泳等周期性运动，以及自由体操、武术、散打、摔跤和拳击等非周期性运动。

大强度运动是指人体紧张工作能持续 5 ~ 30 分钟的运动，如 10000 米跑等运动。

中等强度运动是指人体能持续 30 分钟以上的周期性运动，如马拉松跑、公路自行车运动、长距离游泳和越野滑雪等。

（4）按运动供能特点分类。根据肌肉收缩时的代谢特点，可将运动分为无氧供能（或无氧供能为主）运动和有氧供能（或有氧供能为主）运动两大类。

无氧供能为主的运动包括最大强度及次最大强度的运动。有氧供能为主的运动包括无氧阈强度运动、中等强度运动和低强度运动等。中等强度的有氧运动，是健身运动处方中经常采用的运动。其运动心肺功能指标达本人最大值的70%～80%，供能物质是以糖和脂肪的有氧氧化为主，如竞走、超长跑、长距离游泳和滑雪等，以及群众性体育活动中的健美操、有氧舞蹈和球类运动等。低强度的有氧运动主要以脂肪的有氧氧化提供能量，心肺功能指标变化不超过本人最大值的50%～60%，如步行、慢跑、保健操、太极拳和养生气功等。

2. 运动类型的选择

为达到全面身体锻炼的效果，运动处方应包括三种主要运动类型：一是有氧耐力性运动，二是抗阻力量性运动，三是伸展柔韧性运动。根据运动目的和身体的具体情况，三种类型运动的选择比例应有不同的侧重。有氧耐力性运动主要是改善和提高人体的心肺工作能力及有氧工作能力。这类运动有步行（如散步、快走、定量步行及竞走等）、慢跑（或健身跑）、走跑交替、自行车骑行、跑步机上跑步、有氧舞蹈、健美操和不剧烈的球类运动等。抗阻力量性运动是以增强力量、健美形体为主的运动，如利用哑铃、杠铃、弹簧和橡皮筋等负重法或阻抗法进行的力量练习。伸展柔韧性运动是以调整呼吸节律及肌肉的伸展性为主的运动，如慢节奏健美操、医疗体操和各种养生气功等。

3. 运动类型选择的原则

（1）以有氧供能的耐力性运动为主，兼顾个人运动习惯和爱好。

(2) 参与运动的主要大肌群的动力性运动与静力性运动相结合，全身运动与局部运动相结合，以全身动力性运动为主、局部静力性运动为辅。

(3) 对于不经常运动的人，应选择以周期性运动为主、动作简单、强度易于控制的运动。

(4) 运动类型既要相对稳定，又要有所变换，避免长时间重复单调动作引起疲劳。

(三) 运动强度

人体运动中，运动强度（负荷强度）是指单位时间移动的距离或速度，或肌肉单位时间所做的功。运动强度是运动处方中决定运动量最主要的因素。运动强度分为绝对强度和相对强度两大类。过去的运动处方多使用绝对强度，现在相对强度的使用越来越广泛。

用主观体力感觉等级（RPE）可以对人体的机能状态和所承受的运动强度进行主观描述。对于健身者来说，运动时的主观体力感觉等级在 12 ~ 15 之间，说明负荷强度是合理的。

确定合理负荷强度的最好方法，是将靶心率和主观运动强度两种方法进行结合，即先按适宜的心率范围进行运动，然后在运动中结合主观运动强度评价表来掌握负荷强度。这样，在运动中不用停下来测心率便可知道自己的负荷强度是否合理。

健身运动处方中负荷强度的设定，以控制在人体有氧代谢工作的范围内为原则。按肌肉工作相对强度分类中的大强度、中等强度以下的负荷强度，或按运动供能特点分类中有氧代谢供能为主的运动，青壮年可以进行个体乳酸阈强度以下的有氧运动，中老年则只适宜中等以下强度的有氧运动；若以心率为指标则达到有氧工作心率范围，一般人相当于本人最大心率的 60% ~ 85%，中老年人在本人最大心率的 60% ~ 75% 较为适宜，即每分钟 120 ~ 160 次。

（四）运动时间

运动时间是指每次运动持续的时间，是组成运动量的重要因素。在持续的周期性运动中，运动时间乘以负荷强度就是运动量。因此，运动时间因负荷强度的变化而变化。在制定运动处方时，有时采取较低的负荷强度和较长的运动时间，而有时则采用短时间、高强度的重复运动。负荷强度确定后，持续该强度的运动时间就成为影响锻炼效果的重要因素。运动时间过短，对机体不能产生作用，达不到应有的效果；运动时间过长，又可能超过机体的承受能力，造成疲劳积累而损害身体。因此，应根据运动目的及负荷强度来设定能引起机体产生最佳效果的运动时间，即必要的运动时间。

例如，锻炼心血管功能的健身运动处方，必要的运动时间至少应在 15 分钟以上。其原因主要有三个：第一，在进行运动时，人体各器官、系统的工作效率是在运动开始后一段时间内逐步提高的，人体开始运动 20～60 秒后心率即可达到必要的水平，而心输出量、摄氧量和氧脉搏在开始运动后 2～3 分钟才急剧增加，其后逐渐增加到较高水平需 4～7 分钟。第二，人体通过一段时间的运动，从相对安静状态到进入适宜强度的运动状态，并非达到了运动目的，只是完成了克服生理惰性、激发和动员心脏储备力的工作。研究表明，健康人的心率达到 150 次/分以上时，所持续运动的最少时间必须在 5 分钟以上才开始产生效果。第三，在完成正式的运动以后，应逐渐降低负荷强度继续运动 5 分钟以上，使人体由较紧张的肌肉活动状态逐步过渡到相对放松状态，以利于身体的恢复，即进行整理活动。研究表明，每次运动持续 20～60 分钟，对于提高心血管系统机能和有氧工作能力较为适宜。

（五）运动的时间带

运动的时间带是指一天中进行运动的时机（即在何时进行运动）。应根据人的生物节律周期及日节律来合理安排运动的时间带。

例如，高血压患者运动的时间带，白天比清晨要好，其理由是人体血液流变学各项指标从20点至早上6点呈不同程度的上升趋势。其中，血黏度、红细胞比容和红细胞聚集指标呈线性上升，尤其是零点至6点升高明显。这与临床资料显示的脑出血发生在凌晨数小时内明显增多极为相关。所以，科学选择运动的时间带非常重要。

（六）运动频度

运动频度通常是指每周运动的次数。健身运动的效果，是在每次运动对人体产生的良性作用的逐渐积累中显示出来的，是一个从量变到质变的过程，所以要求经常锻炼，或根据不同的运动目的，实施一定周期的运动（运动处方）。而不能凭一时的兴趣，三天打鱼、两天晒网，也不能急于求成，运动频度过高。如果一次运动后，运动对机体的良性作用完全消退后再进行第二次运动，则前一次运动的效果不能被蓄积：如果一次运动后，运动对机体的良性作用还未出现（也就是前一次运动的疲劳尚未消除）就紧接着进行第二次运动，则会造成疲劳被蓄积。以上两种运动间隔形式都不能取得满意的效果。后一种形式如果长期下去还将对机体造成过度疲劳。可见，运动频度在制定运动处方中非常重要；运动频度的设定，要根据运动目的和身体情况的不同而区别对待。

如果以健身或康复为目的，一般人的运动频度应以每周三次以上为宜，同时还应结合每次运动的强度、持续的时间、个人的身体恢复情况，以及对运动的适应能力等因素综合考虑。如果每次锻炼的运动量不大（但要达到锻炼效果的最低限度），也可适当地增加运动频度。每天运动一至两次，使体育锻炼成为生活方式中的组成部分，作为每天生活中的习惯性活动，只要没有疲劳的积累，对身心健康是十分有益的。

（七）注意事项

以治疗、康复为目的的运动处方中，应指出禁忌参加的运动项目、健身运动中自我观察指征和停止运动的指征，重视做好准备活动和整理活动等。同时，要掌握和了解一些必要的体育卫生知识，如运动后不要立即坐下或躺下，以免引起“重力性休克”或其他不适感觉，不能立即吃生冷食物，不能马上游泳或进行冷水浴等。

四、运动处方的制定步骤

（一）预检和健康评价

通过询问、观察和本人填写调查表等方法，全面了解受测试者的病史、运动爱好、饮食情况、生活方式、运动目的和居住环境等情况，并进行一般体检、人体测量及身体成分测定，其目的是对受测试者的健康状况作出初步评价，即健康评价。健康评价不能仅限于躯体的健康，还应包括精神和心理状态、道德行为以及社会适应能力等，需要进行多指标的综合评判。此处的健康调查与评价由于条件所限，故只能是初步的定性评价。

（二）心血管运动试验

根据健康调查的初步评价进行运动试验，其目的在于评定受测试者的心血管机能，发现潜在的心血管疾病，测定最大摄氧量和最大心率等指标，为制定运动处方提供定量依据。进行心血管运动试验时，应当根据受测试者的健康状况、年龄和运动经历等，选择适当的试验方法。目前，普遍采用的方法是“多级负荷试验”。对于运动能力较高的运动员及青年运动爱好者等，可采用多级负荷试验中的极量试验。对于一般无运动经历的健康者，可采用亚极量试验和症状限制性试验。此外，对于身体某些指标异常（如总胆固醇异常、血脂值偏高等）但血压和其他方面尚属正常而且无合并症，不能属于完全健康而又没有明显的疾病症状，即所谓亚健康受测试者，运动试验也可采用亚极量试验和症状限制性试验，但要求有较完善的监护设施。

对于已确诊有心血管疾病者，通过彻底的医学检查，排除运动试验的禁忌症，方可进行运动试验。采用低负荷试验或症状限制性试验，要求有密切的监护及必要的应急设施。为了保证安全，对心血管病患者不宜进行最大摄氧量和最大心率的测定，可根据定量负荷时的心率或吸氧量间接推算最大摄氧量，用“220－年龄”推算最大心率。

（三）体质测试及生理年龄评定

1. 体质测试

体质是指身体运动的基本功能，或者说为进行运动或劳动身体所具备的基本素质，它是通过人体在运动或劳动中表现出来的力量、速度、耐力和灵敏等机能能力来体现的。可以通过测定握力、背力、立位体前屈、闭眼单足立、反复横跨、俯卧撑、5 分钟跑、12 分钟跑和级跳等指标来反映。

2. 生理年龄评定

每个人都有自己的日历年龄，但和实际生理机能水平是有差异的，只有“生理年龄”才能反映一个人的实际生理机能状况。

3. 库珀有氧耐力测定法

美国医学博士库珀（Cooper）提出的“12 分钟跑测验法”，既是一种身体有氧耐力的锻炼方法，也是一种测定有氧运动能力的指标，得到普遍采用。

（1）最大摄氧能力。最大摄氧能力是评定身体机能状况的主要指标，这项指标主要反映人的心脏血管状况。库珀经研究，将男、女 4 个年龄组定出了 5 个有氧耐力的级别。例如，40 岁男子的最大摄氧量低于 25 ml/kg/min，其健康状况评为劣。这表明，其心血管系统不能保证各器官和组织获得正常生命活动所必需的氧

（见表4－1）。

表4－1　男子最大摄氧量与体力级别（单位：ml/kg/min）

有氧能力	年龄			
	30岁以下	30－39岁	40－49岁	50岁以上
很差	低于25.0	低于25.0	低于25.0	－
差	25.0－33.7	25.0－30.1	25.0－26.4	低于25.0
及格	33.8－42.5	30.2－39.1	26.5－35.4	25.0－33.7
好	42.6－51.5	39.2－48.0	35.5－45.0	33.8－43.0
很好	51.6以上	48.1以上	45.1以上	43.1以上

（2）12分钟跑或游泳测试。库珀经过研究发现，用12分钟运动可以测出每个健康者的耐力水平。受测试者通过跑、走或游泳等运动方式在12分钟之内尽可能地完成更长距离的运动。例如，一个40岁男子在12分钟内跑不到1300米，就说明他每分钟1千克体重的最大摄氧量不到5毫升，他的有氧机能水平评为劣（见表4－2）。12分钟尽力游泳的距离也可反映出受测试者的耐力水平（见表4－3）。

表4－2　男子12分钟跑测验评定标准（单位：km）

耐力水平	30岁以下	30－39岁	40－49岁	50岁以上
很差	少于1.6	少于1.5	少于1.3	少于1.2
差	1.6－1.9	1.5－1.84	1.3－1.6	1.2－1.5
及格	2.0－2.4	1.85－2.24	1.7－2.1	1.6－1.9
好	2.5－2.7	2.25－2.64	2.2－2.4	2.0－2.4
很好	2.8以上	2.65以上	2.5以上	2.5以上

表 4－3　12 分钟游泳测验评定标准（不限姿势）　（单位：m）

等级		30－39 岁	40－49 岁	50－59 岁	60 岁以上
很差	男	<320	<275	<230	<230
	女	<230	<185	<140	140
差	男	321－410	276－365	231－320	231－275
	女	231－320	186－275	141－230	141－185
及格	男	411－505	366－460	321－410	276－365
	女	321－410	276－365	231－320	186－275
好	男	506－595	461－550	411－505	366－460
	女	411－505	366－460	321－410	276－365
很好	男	>730	>550	>550	460
	女	>640	>460	410	>365

（3）2400 米跑测试法。除了用测定 12 分钟跑（或其他运动）评定受测试者的耐力水平外，定距离的耐力跑也常被采用，如 1600 米跑、2400 米跑。库珀认为，2400 米跑可以反映受测试者的有氧代谢能力。可通过测试 2400 米跑成绩对照相应的评定级别和评分表进行耐力水平评定（见表 4－4）。

表 4－4　2400 米跑测验评定标准　（单位：min）

等级		30－39 岁	40－49 岁	50－59 岁	60 岁以上
很差	男	>16：31	>17：31	>19：01	>20：01
	女	>19：31	>20：01	>20：31	>21：01
差	男	>14：44	>15：36	>17：01	>19：01
	女	>19：01	>19：31	>20：01	>21：00
及格	男	>12：31	>13：01	>14：31	>16：16
	女	>16：31	>17：31	>19：01	>19：31
好	男	>11：01	>11：31	>12：31	>14：00
	女	>14：31	>15：56	>16：31	>17：31

续表

等级		30－39 岁	40－49 岁	50－59 岁	60 岁以上
很好	男 女	＞10：00 ＞13：00	＞10：30 ＞13：45	＞11：00 ＞14：30	＞11：15 ＞16：30
非常好	男 女	＜10：00 ＜13：00	＜10：30 ＜13：45	＜11：00 ＜14：30	＜11：15 ＜16：30

在进行上述测试时，健康情况欠佳的人，以及很久没有从事体育活动的人一定要谨慎，不能强度过大。因为没有运动经历的人，测验时往往对自己的体力不能正确评估，也不会有效地控制强度，会造成一定的危害。对于没有运动经历的人，至少要用 6 周的时间进行系统的训练。先练走步，后练跑步，身体经过一段时间的准备和适应后，才能经受各种耐力水平测试的考验。

五、运动处方的应用

一般认为，运动就是健身，只要运动就能增强体质。其实，只有运用运动心理学知识，科学地进行运动锻炼，才能达到健身的目的。学会了运动只是解决了健身手段，是用运动去健身的开始，而运动处方是解决学会运动之后如何科学健身的方法问题。

（一）健身运动处方

1. 运动目的

（1）改善心肺功能，提高有氧耐力，增强体质。

（2）调节神经系统功能，尤其是调节植物性神经系统功能。

（3）改善消化系统功能。

（4）促进脂肪代谢，控制体重。

（5）防治高血脂、高血压和动脉硬化等心血管疾病。

2. 运动的种类与方法

（1）走跑交替。走跑交替适合于体弱和缺乏锻炼的人。方法是先走 100 ~ 200 米，然后慢跑 300 ~ 500 米，重复数次。刚参加锻炼的人，一般是走 1 分钟，跑 1 分钟，交替进行。经过一段时间的锻炼之后，就可以根据自身状况缩短走的时间，直到能慢跑 5 ~ 8 分钟。以后每隔 1 ~ 2 周逐渐增加跑步的时间和距离，每周跑 3 ~ 5 次。

（2）匀速跑。匀速跑是在跑的过程中跑速基本保持不变、均匀地分配体力的一种跑步方式。匀速跑对于中年人来说更加适宜，可根据自己的体力合理地选择跑步速，也能够比较容易地控制运动中的心率。锻炼者还可采用定时间或定距离的匀速跑，形式灵活多样，由自己来掌握。

（3）间歇跑。间歇跑是慢跑和行走交替的一种过渡性运动。一般从跑 30 秒、行走 30 ~ 60 秒开始，逐渐增加跑步时间，以提高心脏负荷。这样反复进行 10 ~ 20 次，总时间控制在 12 ~ 30 分钟，以后每两周根据体力的提高情况可逐渐增加运动量。每日或隔日进行 1 次。

（4）变速跑。变速跑是采用快跑和慢跑交替进行的健身跑。变速跑的形式有很多，如直道快跑、弯道慢跑、不均匀的快跑或慢跑等。

3. 运动的强度、时间、频度

健身跑的运动强度主要通过跑步的速度来反映。在健身跑锻炼的初期，要严格控制跑速，跑步的持续时间可逐步加长。健身跑的运动强度一般采用中等强度。运动强度是否适宜，可用测定心率和自我感觉来掌握。通常采用的标准是：180 减去年龄为适宜心率。例如，30 ~ 45 岁身体健康而未经过训练的人，心率应在每分钟 140 ~ 145 次。

4. 注意事项

（1）做好充分的准备活动。跑步前，要做好充分的准备活动，以促进血液循环，加强肌肉的收缩功能，防止肌肉拉伤以及在剧烈运动开始时出现心肌缺血。长期在水泥地跑步的人，要避免小腿胫骨劳损，尽量选择在草地或泥土地跑步。

（2）冬天跑步要注意防寒。穿衣的多少要根据天气寒冷程度、个人抗寒能力和运动量来决定，以跑时不感到太冷又不大量出汗为原则。

（3）患病时要注意休息。患感冒、发热或腹泻时暂不宜跑步。慢性病患者进行运动健身跑需经医生的检查许可，做好自我检查，并按时去医院复查。

（二）减肥运动处方

1. 运动目的

（1）改善心肺功能，提高有氧耐力，增强体质。

（2）改善消化系统功能。

（3）促进脂肪代谢，控制体重，减肥健美。

（4）防治高血脂、高血压和动脉硬化等心血管疾病。

2. 运动的种类与方法

运动的种类可根据肥胖者的体质和个人爱好进行选择，以有节律的动力性有氧运动为主，如长距离步行、慢跑、自行车骑行、游泳、健身操以及其他的水中运动（如水中行走、水中跑、水中跳跃、踢水等）。有研究表明，水中运动被称为最有效的减肥运动。力量性的运动主要是进行躯干和四肢大群肌的运动，主要活动方式有仰卧起坐、下蹲起立、俯卧撑等。也可以利用哑铃或拉力器进行力量练习。力量练习虽然不能有效地改善反映心肺机能的最大摄氧量，但可以明显增加体内瘦体重的含量。瘦体重的增加可以提高人体安静状态下的代谢率，即瘦体重多的人消耗的能量要多。因此，有氧运动结合力量练习是较单独进行有氧运动更为有效的减肥方法。

3. 运动的强度、时间、时间带、频度

（1）运动的强度。以减肥为目的的运动，宜采用中小强度的有氧运动。高强度的有氧运动虽对改善心肺功能有良好的作用，但不利于改善脂质代谢。运动强度一般用心率来反映，减肥运动中要求达到个人的“最适运动心率”。

（2）运动的时间。初始锻炼者的运动时间应控制在 30 分钟左右，经常锻炼者的运动时间应控制在 40～60 分钟以上。

（3）运动的时间带。在晚餐前 2 小时进行运动锻炼比在其他时间进行运动锻炼更能有效地减少脂肪。

（4）运动的频度。运动持续时间与运动强度有关，每周的运动频率可根据强度大小适当调节。通常情况下，运动的频度为 3 次/周～6 次/周。

4. 注意事项

（1）运动处方的制定要考虑个人的锻炼目的、身体状况、兴趣爱好等，并在实施过程中根据具体情况对运动处方进行调整。

（2）要遵循循序渐进的原则，少数肥胖者因不经常运动，肌肉关节比较僵硬，心肺负荷较大，初始运动量要小，以后逐步增加。

（3）要持之以恒，运动减肥不是短时间就能实现的，需要长期坚持。为了避免单调，可以变换运动种类。

（4）运动结合饮食控制和生活方式的改变是减体重的最佳方法。

（三）康复运动处方

1. 运动目的

（1）预防伤病造成二次伤害。

（2）预防体重增加。

（3）预防关节功能障碍。

（4）保持良好的身体状态。

2. 运动的种类与方法

运动康复锻炼是预防和治疗伤病的“良方”，能够起到药物治疗、食物治疗和保健治疗所达不到的效果，对调节和恢复伤病后的健康状况有着举足轻重的作用。凡适量强度能够激活心肺功能的运动，能够预防人体结构退化的运动，能够改善人体虚弱的运动，能够缓解身心紧张的运动，能够减轻伤病痛苦的运动等都可以选用。在恢复功能的锻炼中，主要的运动方法有借助器械的抗阻运动、医生或教练辅助的助力运动以及依靠伤病者本人的拮抗肌群收缩来牵拉伤病关节周围组织的牵张运动等。

3. 运动的强度、时间、时间带、频度

运动康复锻炼是伤病者在恢复期以运动疗法进行功能训练或康复治疗的一种手段，其像医疗技术和药物治疗一样被重视。根据伤病者的伤病特点、功能障碍情况以及运动疗法的特殊要求，合理地选用“健康处方”并贯穿治疗的全过程。

伤病后的运动需要控制自己的运动强度、运动量，即在不妨碍伤病恢复或不造成二次伤害的前提下，开展一些静力性、动力性的肌力康复运动，快走、慢跑、做健身操等肌肉耐力康复运动，以及关节牵引类的柔韧康复运动。运动频度每周 1 ~ 2 次，每次运动时间以 10 ~ 20 分钟为宜。

4. 注意事项

（1）运动后以不引起受伤部位疼痛或锻炼后 24 小时不出现肌肉肿胀为度。

（2）伤病后的运动康复锻炼应加强医务监督，如每次运动前要做好热身活动，受伤部位用支持带加以保护，定期到医院进行病情检查，按照医生医嘱或教练指导进行科学锻炼，当身体不适时应终止运动。

（3）对伤病后的运动康复锻炼要及时介入并适时进行全身和伤病部位的活动。例如，对踝关节扭伤的介入，其治疗措施是即刻冷敷、加压包扎、抬高患肢、固定、休息；适时进行踝背伸、跖屈的活动，以不加重损伤、不影响伤口愈合和正常治疗为前提。

在运动过程中，要对康复训练者进行监测，并给予必要的指导。运动时或运动后出现不适情况，应暂时停止运动。

问题与思考：

1. 体适能的测试方法有哪些?

2. 准备活动期间应采用动态拉抻还是静态拉伸？具体有哪些动作类型?

3. 运动处方的要素是什么？如何根据自身情况制定一张运动处方?

第五章　警察体适能训练管理

本章提要： 警察体适能训练管理是指警察在体适能训练过程中，对由于自身原因和外部原因可能产生的损伤、疲劳、压力等进行预防、恢复及管理的方法与措施。本章分为三节，第一节讲述了运动损伤的类型、产生原因及其应急处理措施；第二节讲解了警察体适能训练中的运动疲劳监测与恢复措施；第三节介绍了警察职业生涯中的压力来源及从体适能训练角度来缓解的方法，以期对警察的职业生涯发展提供更好的支撑与保障。

第一节　运动损伤预防与应急处理

一、运动损伤的类型

警察体适能训练中的运动损伤是指在警察体适能训练过程中，由训练本身所造成的各种身体损伤。它的发生与体适能训练内容的设置、学生自身的身体素质、训练设施和训练环境等因素相关。因此，在警察体适能训练过程中，要有效预防运动损伤，同时做好运动损伤的积极治疗工作，这也是警察体适能训练的一部分。

（一）运动损伤的分类

1. 按损伤部位皮肤和黏膜的完整程度来分类

按损伤部位皮肤、黏膜的完整程度可分为开放性损伤和闭合性损伤。开放性损伤是指皮肤或黏膜已经受到损伤，有明显的外出血，如擦伤、开放性骨折等。由于损伤部位与外界相通，因此，容易受到污染，造成感染。闭合性损伤是指伤后皮肤或黏膜表面完整，无明显的伤口，如挫伤、关节脱臼、闭合性骨折等。由于损伤部位的伤情用肉眼难以分清，因此，容易造成治疗不充分或不及时。

2. 按损伤的组织结构分类

人体结构非常复杂，按损伤的组织结构划分，运动损伤可分为皮肤损伤、肌肉损伤、肌腱损伤、骨骼损伤、神经损伤、脏器损伤等。

（二）运动损伤的特点

1. 关节损伤较多

由于警察体适能训练科目繁多，包括各类变向奔跑、攀登速降，以及翻越障碍等，因此，对人体各关节都提出了较高的要求。目前，比较常出现的关节损伤有踝关节损伤、膝关节损伤、腕关节损伤、指关节损伤等。

2. 不同程度的损伤情况都会出现

由于警察体适能训练科目中包括专项越障训练等内容，因此，不同程度的损伤情况都会出现，但一般常见的还是轻微伤，如挫伤、擦伤、撕裂伤等。

二、产生原因

（一）学生的身体素质存在差异

入警学员虽然经过了一定的体能测试，但相应的身体素质差异较大。因此，在教学内容和教学方法方面实施难度较大，如教师对学生的关注不够，而学生的训练积极性又高，造成少数学生无法承受训练负荷而受伤。

（二）学生的身心状态不佳

当前，我国公安院校采用的是警务化管理模式，对学生的各方面要求都较高，因此，学生可能会长时间处于高度紧张状态，到训练周期的后期可能身心已经极度疲惫，运动损伤事故明显增多。

（三）教师的训练方法和手段不当

警察体适能训练项目较多，要求保护或强调安全注意事项的地方较多，如果在教学中对各项技术动作分解不到位或指导不够，以及保护措施不当，都容易造成学生的运动损伤。

（四）训练场地和设施不合理

警察体适能训练场地较多，各种训练设施损坏后得不到及时的修补，或者训练场地设置得不合理，也容易造成运动损伤事故多发。

（五）天气原因

由于警察体适能训练大部分都是在室外进行，会遇到各种天气情况。在阴天、大风、寒冷的冬天或烈日等情况下，学生的专注度以及身体状态不佳，就很容易出现运动损伤情况。

三、应急处理措施

（一）运动损伤事故的处理步骤

当运动损伤事故发生时，在医护人员或救护车未到达之前，现场其他有能力进行救助的人员需采取以下步骤，充分利用现场的人力、物力，对运动损伤者施行初步的援助或救护。

（1）观察并判断运动损伤事故现场的伤情状况，进行适当的现场处理，并及时拨打急救电话。

（2）迅速排除致命或致伤因素。

（3）检查运动损伤者的生命体征，如呼吸、脉搏、体温、血压等。

（4）止血。有创伤出血者，应就地取材，迅速包扎止血。

（5）固定。如遇运动损伤者有骨折现象，应利用现场可以利用的材料给予包扎固定。

（6）对于呼吸、心跳停止的运动损伤者，要立即进行心肺复苏术。

（7）迅速而正确地转运运动损伤者。

（二）出血与常用止血方法

一般成年人血液总量占体重的7% -8%，约为4000 -5000毫升，在人体循环系统中流动不息，带给各组织细胞所需要的氧气及营养物质，运走二氧化碳及代谢产物，运送激素及抗体，抵抗感染。如果血液循环发生障碍，身体主要器官就会因缺氧而受损，严重时甚至会危及生命。失血是由于血管破裂而引起的，如果失血量少于总量的5%，机体可以迅速代偿；如果失血量超过总量的20%，伤者就会面色苍白、烦躁、脉搏加快变弱、血压开始降低、口渴、发冷，甚至出现休克状态；如果失血量超过总量的40%，会导致伤者意识模糊、呼吸浅促，甚至出现生命危险，必须应急救护。因此，现场急救人员如果能根据现场情况，采取正确而有效的方法对伤者进行止血，可以大大降低伤者的早期死亡率。

1. 出血的分类及特点

根据出血部位不同，可分为内出血和外出血；根据损伤血管不同，可分为动脉出血、静脉出血和毛细血管出血，不同的血管出血有不同的特点。比如，动脉出血的血色鲜红，出血呈喷射状，血流较快，危险性极大；静脉出血的血色暗红，血流较慢，危险性相对较小；而毛细血管出血的血色鲜红，血液缓慢渗出，危险性小。根据以上出血特点，在现场急救中，要及时判断伤者的出血部位，并采取行之有效的止血方法。

2. 止血方法

（1）抬高伤肢止血法。一般在出血量不大或非动脉、大静脉出血的情况下，将伤肢抬起，并高于心脏，可以有效减缓出血量。

（2）加压包扎法。用敷料或其他洁净的毛中、手绢、三角巾等覆盖伤口，加压包扎，达到止血的目的。包扎完成之后，要检查肢体末端的血运情况，防止包扎过紧，造成伤肢缺血性坏死现象。

（3）指压止血法。指压止血法是动脉出血最迅速的一种临时止血法，一般是用手指压迫伤口近心端的动脉，阻断动脉血运，能有效地达到快速止血的目的。指压止血法主要适用于头部、面部、颈部、四肢的动脉出血，要求用一定力量压住血管，尤其是下肢血管出血，否则达不到止血目的，但只能临时和短时间使用，每次施压时间不能超过10分钟。

（4）填塞止血法。用消毒纱布、敷料（如果没有，可用干净的布料替代）填塞在伤口内，再用加压包扎法包扎。填塞止血法主要适用于口腔、腋窝、大腿根等处的出血，或用其他方法不易止血的情况。由于现场不可能是无菌环境，因此，躯干部的出血不能使用此种方法止血。

（5）止血带止血法。止血带止血法主要适用于四肢大血管出血加压包扎不能有效止血的情况。上止血带的部位在上臂的上1/3处或大腿中上段，操作时要注意使用的材料、止血带的松紧程度、标记时间等问题。如果没有止血带，可用布带代替，在止血带和皮肤之间应加垫衣服、纱布等，避免对皮肤造成损伤。但不能用铁丝、电线、尼龙绳、麻绳等绳索代替止血带，这些绳索无弹性，易造成结扎部位皮肤、肌肉、神经和血管损伤，并导致肢体缺血、坏死。止血带止血法只适用于四肢大出血，当其他止血法不能止血时才用此法。

（三）常用包扎方法

快速、准确地将伤口用自粘贴、尼龙网套、纱布、绷带、三角巾或其他现场可以利用的布料等包扎，是外伤救护的重要一环。它可以起到快速止血、保护伤口、防止进一步污染、减轻疼痛的作用，有利于转运和进一步治疗。常用的包扎材料有创可贴、尼龙网套、三角巾、弹力绷带、纱布绷带、胶条及附近方便可用的器材，如毛巾、头巾、衣服等。绷带包扎时，松紧要适度，及时观察血运情况。除非肢体末端（手指、脚趾）有创伤，否则不要用绷带缠绕、包裹。包扎伤口前，先简单清创并盖上消毒敷料，然后再进行包扎，手指、脚趾相邻伤口之间要加衬垫，以免形成粘连，造成更大损伤。

（四）骨折

在高强度的运动训练过程中，强烈的外力作用、肌肉的猛烈牵拉或积累性损伤，都可能造成骨折或者关节脱臼。在现场急救处理中，应对伤者的伤情进行简单检查（不可轻易移动伤者或用力按压其伤处，以免增加痛苦或出现并发症），以确定骨折是否造成了更严重的器官损伤，首先要处理危及伤者生命的重要脏器损伤，其次才是骨折局部固定处理。

1. 骨折的判断

在警察体适能的训练现场，因条件有限，常常只能用简单的方法判断是否有骨折伤。在情况不明时，不可轻易移动伤者。通过观察，如果有下列表现，可以判断为骨折：

（1）轻按受伤部位，疼痛加剧或可触摸到骨折断端。

（2）受伤部位或伤肢已明显变形。

（3）受伤部位明显肿胀，不能活动或活动时剧烈疼痛。

2. 骨折的分类和处理

骨折的分类方式较多，根据伤处骨骼的连续性情况分为完全骨折、不完全骨折和嵌顿性骨折；根据伤处的开放程度分为开放性骨折和闭合性骨折；根据骨折部位的不同分为颅骨骨折、脊椎骨折、四肢骨折等。

（1）颅骨骨折。

症状：昏迷，头部有明显伤口或血肿，耳、鼻处流血或血性液体（脑脊液）。

救护方法：让伤者平卧，保持头部稳定，不得随便搬动伤者；保持呼吸畅通，如果一侧耳朵有液体流出，应把头侧向液体流出一方，让液体流出，并用敷料覆盖伤口，绷带固定，必要时进行心肺复苏。

（2）脊椎骨折。

症状：颈部或背部疼痛，头部及四肢不能活动，同时，肢体灼热、刺痛、麻痹或失去知觉；活动能力减退或消失，大小便失禁，呼吸困难甚至休克。

救护方法：如需心肺复苏，用创伤提颌法畅通气道。如果伤者清醒，应安慰并嘱咐其静止不动，同时尽快向急救部门求助。

（3）四肢骨折。

症状：伤处疼痛或肿胀、变形，不能正常活动，甚至失去活动能力。如果骨盆或大腿骨骨折、多处骨折，伤者可能出现休克。

救护方法：先固定再搬运。固定伤者的骨折部位时，要固定骨折的两端和上下两个关节，固定材料和皮肤之间应加软垫隔离。固定时，应将肢体末端（手指、脚趾）露出，以便观察肢体血运情况。

对于体表有伤口的开放性骨折，处理时应先戴上胶皮手套，不要试图将骨折断端复位，可以先进行简单包扎，然后再予以固定。

（五）心肺复苏技术

心肺复苏（CPR）是针对呼吸、心跳骤停的急症危重病人所采取的一种急救措施。其目的是通过口对口吹气和胸外心脏按压向伤者提供最低限度的脑供血。

当心跳停止 4～6 分钟，就会引起脑组织不可逆的损伤；当心跳停止超过 10 分钟，就会造成脑死亡。因此，必须在第一时间对呼吸、心跳停止的伤者进行心肺复苏术，以挽救其生命。

1. 心肺复苏的操作步骤

（1）意识判断。轻拍伤者肩膀，高声呼唤，如果伤者没有任何反应，即可判断为意识丧失。

（2）高声呼救或拨打急救电话。拨打急救电话时，应注意以下几点：

第一，保持镇静，切勿惊慌，表达清晰、简练易懂。

第二，讲清伤者所在的详细地址。

第三，讲清伤者的主要病情或伤情，诸如呕血、昏迷或从楼梯上跌下等，以便救护人员能够做好相应的急救准备。

第四，提供畅通的联系方式，一旦救护人员找不到伤者时，可与呼救者继续联系。

第五，若是成批伤员或中毒病人，必须报告事故缘由，如楼房倒塌、毒气泄漏、食物农药中毒、大型车祸等，并报告罹患人员的大致数量，以便120调集救护车辆、报告政府部门及通知各医院救援人员集中到出事地点。

（3）摆好体位。将伤者翻成仰卧姿势，放在平坦的平面上。对于颈椎损伤或怀疑有颈椎损伤的伤者，翻转时一定要保护好其颈椎。

（4）打开气道。用仰头举颌法打开气道，使下颌角与耳垂连线垂直于地面。

（5）呼吸判断（不能少于5－10秒）。一看，看胸部有无起伏；二听，听有无呼吸的声音；三感觉，感觉有无呼出的气流拂面。如果没有发现即为呼吸停止。

（6）人工呼吸。检查伤者是否有自主呼吸，如无呼吸，应立即进行口对口人工吹气两次。急救者跪在伤者的身旁，先用一只手捏住伤者的下巴，把下巴提起；另一只手捏住伤者的鼻子，不使其漏气。进行人工呼吸者，在进行前先深吸一口气，然后将嘴贴紧伤者的嘴，吹气入口；同时观察伤者胸部是否高起；吹完气后嘴即离开，让伤者把肺内的气“呼”出。只要看到伤者高起的胸部下落，表示肺内的气体已排出时，接着吹下一口气。如果碰到伤者牙关紧闭，张不开口，或者口部受到严重创伤，无法进行口对口人工呼吸时，可采用口对鼻吹气法。

（7）检查脉搏，判断心跳。触摸颈总动脉搏动，判断有无心跳。只有准确地判断为心跳停止后，才能进行心肺复苏术。

（8）胸外心脏按压。急救员一手食指、中指并拢，沿伤者一侧肋弓向上滑行至两侧肋弓交界处，另一手掌根紧靠食指放好，按压部位在胸骨下1/2处。急救员双手掌根同向重叠，十指相扣，掌心翘起，手指离开胸膛，双臂伸直，上半身前倾，以髋关节为支点，垂直向下、用力、有节奏地按压30次。按压深度4~5厘米，频率80次/分~100次/分。

2. 心肺复苏的注意事项

（1）清除伤者口、鼻内的泥、痰、呕吐物等，如有假牙也要取出，以免假牙脱落坠入气管。

（2）单人徒手进行心肺复苏术时，口对口人工吹气与胸外心脏按压之比为2∶30，一般进行5个循环。

（3）按压放松时，手不能离开按压部位。不可采用冲击式、摇摆式、搓板式等按压方式。按压要有节律，不可忽快忽慢。

（4）随时观察伤者的情况。

3. 心肺复苏的有效指征

（1）伤者面色、口唇由苍白或青紫变得红润。

（2）恢复自主呼吸及脉搏搏动。

（3）眼球活动，手足抽动，呻吟。

4. 心肺复苏终止的指标

心肺复苏术一经施行，便不可停止，除非出现以下情况：

（1）伤者已恢复自主呼吸和心跳。

（2）医务人员赶到。

（3）急救人员筋疲力尽。

（4）持续1小时后，伤者瞳孔散大固定，心电活动、呼吸不恢复，表示脑及心脏死亡。

心肺复苏成功以后，对于无意识但有心跳的伤者，应将其翻转为复原体位，密切观察其生命体征，紧急送往医院。

（六）搬运技术

若现场存在潜在危险，或现场环境不适合即时施救，急救人员须尽快将伤者移至安全的地方，称为“应急搬运”。与之相对应的是“非应急搬运”，即经急救后将伤者搬至救护车与急救站等。常用的搬运方法有徒手搬运和担架搬运两种。

1. 徒手搬运

徒手搬运适用于紧急抢救或短距离运送，但不适用于怀疑脊椎受伤的伤者。

2. 担架搬运

担架搬运，不但使伤者较为舒适，而且保护性较强，对于搬运意识不清、脊椎受伤或肢体骨折的伤者尤为重要。如果现场没有担架，可以采用木板、毛毯、床单等制作简易担架进行搬运。

担架搬运时，要特别注意将伤者放置到担架上的方法。对于脊柱损伤的伤员，在搬动中，一定要注意保护其脊柱的稳定。具体可分为颈椎骨折 4 人搬运法、6 人滚动圆木搬运法。

3. 注意事项

（1）必须妥善处理好伤员，才能搬动。除非立即有生命危险或救护人员无法在短时间内到达，都应等救护人员先处理病情稳定后再转送医院。

（2）在人员、担架未准备妥当时，切忌搬运伤者。在搬运过程中，所有人的行动必须协调一致。

（3）在搬运过程中，伤者的头部应朝向后面，以便抬担架的人员随时注意伤者的病情变化。一旦在途中发生紧急情况，应停止搬运，立即进行急救处理。

第二节　运动疲劳监测与恢复措施

一、运动疲劳监测

警察体适能训练的任务与目的决定了训练过程的科学性和系统性。其强调通过大强度、大运动量的训练模式来调动警察的潜能，使运动效果达到“超量恢复”的目标；同时，考虑到警校学生和职后培训警察的心理与生理承受力，避免过度训练造成身心疲惫，超出自我极限，导致不必要的伤病。从理论上讲，个体的身体素质训练是否有效一般不拘泥于训练内容，而是由“超量恢复”的情况来决定的。因此，在警察体适能训练过程中，身体疲劳程度的监测或自我监督显得尤为重要。

（一）自我感觉

在警察体适能训练过程中，比较重视或强调大运动量，这与体适能的形成规律和训练警察的意志力有关。但这容易造成警校学生身心的各种不良反应，大多数情况是在一定时间内对学生施加的负荷造成的疲劳积累已经超过了机体所能承受的极限，或者是相应的恢复并没有达到应有的水平。在整个训练过程中，学生是亲身经历者，其相应的感觉应该是最直观的，也是体会最深的，因此，可以将学生的自我感觉作为判断运动性疲劳程度的指标之一。

1. 疲惫感持续时间

在警察体适能训练过程中，负荷与调整、疲劳与恢复、超量与补偿永远是一对矛盾体，在动态中寻求着平衡。而运动强度是否适当是由恢复水平决定的。在适宜的运动负荷刺激下产生的疲劳，会促进机体良性补偿恢复，使得个人身体运动能力得到提高。学生在体适能训练后必然会产生一定程度的机体疲劳，身体感觉为肌肉酸痛、四肢无力等，但这种疲惫感觉一般不会持续太长的时间。如果负荷适当，次日或几日后，这种疲惫感觉就会消失，经过合理的休息后感到精神愉快、精力充沛。如果疲惫感在训练周期中长时间不消除，持续感觉全身乏力、精神不振，则会导致身体机能水平的持续下降。因此，根据身体疲惫感持续时间的长短以及疲惫感缓解与波动的情况，可以判定警察体适能训练产生的运动疲劳是否适宜。

2. 疲惫程度

自我感觉疲惫情况是判定机体疲劳程度的重要指标。如果只是感觉机体非损伤性酸疼，这是较大负荷刺激后的正常反应，也符合超量恢复的基本规律；但如果感觉疲惫不堪，这是一个程度问题，最好是将疲劳程度和时间结合起来判断。如果持续几天仍然感觉极度疲惫，并且完全对之后的训练不感兴趣，浑身无力，食欲不振，甚至失眠不安，这可能就是机体没有得到正常恢复，疲劳已经成积累状态，若不及时进行积极恢复，则有可能造成身体机能或肌肉系统的病理性改变。

（二）身体变化的自我监督

如果身体的疲劳感是由运动负荷引起的，身体疲劳情况可以直接从机体上反映出来；如果仅仅是短暂的肌肉酸痛和身体的适度紧张，说明刺激在机体上已经有了相应的应激反应，这是身体素质和身体机能提高的必然过程。但如果出现面色苍白、眼神无光、频频打哈欠、反应迟钝、注意力不集中、训练期间整体运动能力持续下降等表现时，就可基本判定已经产生了深度疲劳。如果出现慢性肠功能紊乱（拉肚子）、体重持续下降、周身性持续肌肉紧张、时常鼻塞和发冷、易感冒、呼吸道感染，甚至出现长时间的非受伤的关节和肌肉疼痛，说明机体已经极度疲劳，这时必须采取相应的恢复措施，避免出现严重损伤。

（三）生理和心理指标判别

从理论上讲，负荷是相对的，施加的负荷是否适宜，主要是由负荷作用于人体后所产生的后果来判定的。相对于自我感觉和身体变化的自我监督，生理和心理指标更加客观，能够比较及时、准确地诊断出机体疲劳的程度。生理指标如尿蛋白、血色素等，心理指标如倦怠感、心理疲劳自评数据等，这些都可以作为身心疲劳状态的指标，而且比较客观和准确。不过，由于需要的实验器材要求较高，对于人数众多的集体授课来说，可以采用随机抽检的方式，也可以取得比较好的预测效果。需要特别强调的是，心理疲劳不容忽视，它对人体身心健康的影响远远超过心理疲劳，必须予以高度重视。同时，生理和心理指标具有较强的变动性，这就要求不定期地对检测对象进行测试，只要措施到位，就能监控检测对象身心疲劳的变化情况，及时发现过度疲劳的症状，减少运动创伤，进而防止更严重的伤害事故发生。

二、恢复措施

（一）自然恢复

自然恢复主要针对伤情比较严重，或过度疲劳引起的病理反应，因此，恢复周期相对较长。为了保证学生的身心健康，防止出现不良后遗症，在特定情况下，可以让学生充分休息，等待伤情完全恢复后，再循序渐进地进行康复训练，当身体能充分承受相应的负荷强度和负荷量时，再恢复完整的体能训练计划。

（二）积极恢复

通过教学内容和教学环境的重新设置，交替安排不同强度的负荷，以及改变教学练习过程中的节奏等手段与方式来积极恢复。这不仅有利于肌肉中和血液中乳酸的快速分解与排出，加快恢复过程，还有利于保持原有的运动节奏与习惯，摆脱打破运动节奏与习惯所带来的困扰。

（三）理疗恢复

理疗恢复手段相对较多，学生可以根据所处环境等条件选择适合自己的方式进行恢复。比如，按摩、紫外线照射、药物辅助红外线照射、热水浴、含氧浴、温泉浴等，其目的是使身心得到放松，加快局部组织的血液循环，加速代谢产物的排出，促进训练恢复。

（四）营养学恢复

营养学恢复更多的时候是作为辅助恢复手段来实施的。由于机体在进行大强度的体能训练时，会消耗大量的能量，需要各种营养素的及时补充，才能加快恢复的进程。比如，维生素和微量元素有利于新陈代谢的调节，与机体恢复密切相关。因此，食物的多样化以及适量的配比显得非常重要。很多时候，配比不当，会导致意想不到甚至与初衷相反的结果。比如，补充适量的碳水化合物，有利于机体糖原消耗后的恢复，但摄入过多，会导致肥胖；大强度的训练会导致肌纤维的部分损伤，以及蛋白质的损耗。训练后，摄入适量的蛋白质，有利于机体的恢复，但大量摄入各种肉类又会导致脂肪的过量，并且蛋白质不能储存，分解过量蛋白时会产生大量废物，本身机体在大强度训练下就已经产生了大量废物和中间产物，这无形中加重了机体的负担，实际对恢复反而不利。因此，各种食物的适宜搭配和配比，应根据训练内容和方式的不同而有所变化，强调食物的多样化与适量更有利于机体的恢复。

（五）心理学恢复

心理学恢复是消除疲劳的重要方法。比如，放松训练、生物反馈训练、自我积极暗示，以及针对心理问题进行的心理咨询和心理辅导，或者听听音乐进行放松，这些方法都有利于身体疲劳的恢复。

第三节　警察体适能训练与压力管理

一、压力、压力源与压力反应

压力是人在生理上或心理上应对紧张情况的内在评价和感受。压力是一种环境刺激、个人反应，或个体与环境交互作用的一种主观感受。

（一）压力

当前，对于“压力”的解释，不同领域的学者有着不同的定义。概括而言，“压力”是一个过程，主要是指个体对判断为有害的、具有威胁性或挑战性的事件的知觉和反应。这些反应包括生理的、行为的、情绪的以及认知上的改变。

（二）压力源

压力源又称应激源或紧张源，是指对个体的适应能力进行挑战，促使个体产生压力反应的因素。在当前社会转型时期，造成警察心理压力的原因日趋复杂。正确面对心理压力，掌握调适心理压力的技巧，对于警察来说尤为重要。警察心理压力的产生是各种因素相互作用的结果。这些压力源主要有以下几个方面：

1. 来自警察职业方面的压力源

（1）警务工作的繁重性。随着改革开放的日益深入和社会主义市场经济的不断发展，社会治安形势日趋复杂。特别是近年来，影响社会稳定工作的新情况、新问题不断涌现，群体性治安事件逐年上升，各种违法犯罪活动日益突出，致使公安机关的任务十分繁重。

（2）警务工作的突发性。公安工作的特殊性决定了紧急任务多，特别是基层一线的警察，经常会面临许多突如其来的工作任务，使警察长时间地处于压力状态。

（3）警务工作的危险性。警察的工作性质决定了警察不可避免地要面对暴力行为，面临发生死伤的危险。近年来，违法犯罪分子暴力倾向日趋严重，他们不仅对被害人实施暴力，而且为逃避打击暴力拒捕、暴力阻挠警察执行公务，致使警察在执行公务活动中被违法犯罪分子围攻、袭击、侵害而受伤的情况增多，警察的职业风险加大，危险性增高。

（4）警务工作中遭遇的不良刺激多。警察的职业使他们比普通人有更多的机会接触社会的阴暗面，经常面对的不良刺激很容易使警察产生心理压力。

2. 社会压力源

随着我国法制的健全和依法治国进程的加快，人们的法制意识不断增强，公安机关的执法环境也得到了很大改善，使警察的执法活动得到了有力的支持。但是，由于公安工作特有的广泛性和多样性，极易造成人民群众对警察产生误解和偏见。如严格执法往往会引起社会上的某些非议；维护公共正常秩序常常使警察站到了某些群体的对立面；发生重大案件一时侦破不了，可能会遭到社会的责难等。另外，社会上常常认为警察是正义的化身、道德的楷模，不能有丝毫的差错。但是，过高的正面宣传，既增大了群众的期望值，也为警察树立了难以企及的榜样；而过多的负面报道，则损害了警察的整体形象，特别是某些群众和少数新闻媒体对警察在维护社会稳定工作中作出的艰辛努力熟视无睹，而对公安队伍中存在的某些问题大肆渲染。这种社会对警察群体期望过高和实际表现的反差，给警察造成了巨大的社会定位压力。

3. 生活压力源

警察自身的情况也会产生压力。比如，警察工作时间的不固定性，无法与家庭生活起居的规律相协调；工作时间长，与家人聚少离多，无法照顾妻子儿女，亲情难以兼顾；沟通严重不足，无暇教育子女、顾及婚姻生活等，这些都会导致警察家庭及婚姻生活的危机，产生生活压力。

4. 个人压力源

在个人欲望方面存在心理受挫感，也是引起警察产生压力的重要方面。作为社会成员的警察也有自己的个人需要，如晋职晋衔、进修深造、子女就学等。当他们的某些个人需要长期得不到满足时，就容易形成心理受挫感，导致心理不堪重负而压力倍增。

（三）压力反应

压力反应主要是指机体对各种压力源作出的非特异性反应，可分为生理反应和心理反应。人们在压力的作用下，通常会产生生理反应和心理反应，生理反应和心理反应是相互联系、相互影响的。

1. 生理反应

人处在压力之下，会出现心率加快、血压升高、嘴唇干燥、肌肉紧张、手心出汗等生理反应。

2. 心理反应

（1）认知。在压力状态下，人们往往会出现“意识狭窄”、记忆混乱等现象，常常做出失去理智的行为。

（2）情绪。在压力状态下，人们一般都会产生情绪反应，同时，用自己的情绪体验来描述所处的压力状态。在处于危险的情境下，会产生焦虑、恐惧、愤怒、悲伤等负性情绪。

（3）行为。在压力状态下，人们的行为反应会发生改变，身体会持续地工作与紧张，以提供面对压力所需的注意力与体力。

二、压力管理

警察的身体、心理健康与社会安全息息相关，因此，教导警察管理压力是一件既有利于警察自身又有利于社会公众的大事。作为一名人民警察，长期处于一种高危险、高应急、高对抗性的状态，容易产生压力感，进而会出现生理、心理功能失调等现象。面对这种失调的状态，警察体适能训练十分注重对呼吸和肌肉紧张的调节。

（一）腹式呼吸

腹式呼吸是通过腹部运动，使得横膈膜上下移动，从而控制呼吸的节奏以及深度的一种运动。腹式呼吸，可以使肺容量得到充分利用，吸入比正常的浅呼吸多七倍的氧气量，促进体内的新陈代谢。对心理方面的益处有：提高注意力，消除紧张，缓解压力，放松心情。

腹式呼吸的练习步骤：

（1）保持舒适的卧姿，两腿放松，两脚自然向外分开，用鼻呼吸。

（2）弯曲双肘部，大拇指轻轻地放在肋骨下缘；两手手指相对，并使掌面与身体保持垂直。吸气时手上升，同时腹部鼓起，想象横膈膜收缩并往下拉。呼气时手下移，同时腹部向后压（使腹部往脊柱靠拢），想象空气从肺中呼出，横膈膜上移形成球面状态。刚开始练习时，注意吸气和呼气时手的升落。

（3）坐直身体，闭上双眼，在呼气和吸气时想象横膈膜的位置，同时体验腹部的起伏。

（4）每日至少练习两次。

（二）渐进性肌肉放松训练

渐进性肌肉放松训练是在20世纪20年代早期由美国生理学家埃德蒙·雅各布森（Edmund Jacobson）创建的。渐进性肌肉放松训练强调，放松要循序渐进地进行，要求训练者在放松之前先将肌肉拉紧，使肌肉收缩，继而进行放松，在肌肉收缩和放松后，通过比较细心体验所产生的那种放松感。同时，要求训练者在进行放松训练时，自上而下（或自下而上）地、有顺序地进行，放松一部分肌肉之后再放松另外一部分肌肉，即以头部→上肢→胸肩背→腹部→下肢的顺序依次进行放松（或相反方向）。反复练习几次，体会肌肉的一张一弛，感到放松后可停止练习。

研究表明，适量的体力活动，尤其是以健身为目的的体适能训练，在缓解警察的心理压力、正确认识自身的心理状态等方面能起到积极的作用。

问题与思考：

1. 运动损伤的产生原因是什么？有哪些应急处理措施？

2. 如何进行运动中的自我监督？

3. 你在学习、工作和生活中会面对哪些压力？应如何管理这些压力？

附　录

附录一　国家学生体质健康标准（2014年修订）

单项指标评分表

男生体重指数（BMI）单项评分表

（单位：千克/米^2）

等级	单项得分	一年级	二年级	三年级	四年级	五年级	六年级	初一	初二	初三	高一	高二	高三	大学
正常	100	13.5～18.1	13.7～18.4	13.9～19.4	14.2～20.1	14.4～21.4	14.7～21.8	15.5～22.1	15.7～22.5	15.8～22.8	16.5～23.2	16.8～23.7	17.3～23.8	17.9～23.9
低体重	80	≤13.4	≤13.6	≤13.8	≤14.1	≤14.3	≤14.6	≤15.4	≤15.6	≤15.7	≤16.4	≤16.7	≤17.2	≤17.8
超重		18.2～20.3	18.5～20.4	19.5～22.1	20.2～22.6	21.5～24.1	21.9～24.5	22.2～24.9	22.6～25.2	22.9～26.0	23.3～26.3	23.8～26.5	23.9～27.3	24.0～27.9
肥胖	60	≥20.4	≥20.5	≥22.2	≥22.7	≥24.2	≥24.6	≥25.0	≥25.3	≥26.1	≥26.4	≥26.6	≥27.4	≥28.0

女生体重指数（BMI）单项评分表

（单位：千克/米²）

等级	单项得分	一年级	二年级	三年级	四年级	五年级	六年级	初一	初二	初三	高一	高二	高三	大学
正常	100	13.3～17.3	13.5～17.8	13.6～18.6	13.7～19.4	13.8～20.5	14.2～20.8	14.8～21.7	15.3～22.2	16.0～22.6	16.5～22.7	16.9～23.2	17.1～23.3	17.2～23.9
低体重	80	≤13.2	≤13.4	≤13.5	≤13.6	≤13.7	≤14.1	≤14.7	≤15.2	≤15.9	≤16.4	≤16.8	≤17.0	≤17.1
超重		17.4～19.2	17.9～20.2	18.7～21.1	19.5～22.0	20.6～22.9	20.9～23.6	21.8～24.4	22.3～24.8	22.7～25.1	22.8～25.2	23.3～25.4	23.4～25.7	24.0～27.9
肥胖	60	≥19.3	≥20.3	≥21.2	≥22.1	≥23.0	≥23.7	≥24.5	≥24.9	≥25.2	≥25.3	≥25.5	≥25.8	≥28.0

男生肺活量单项评分表

（单位：毫升）

等级	单项得分	一年级	二年级	三年级	四年级	五年级	六年级	初一	初二	初三	高一	高二	高三	大一大二	大三大四
优秀	100	1700	2000	2300	2600	2900	3200	3640	3940	4240	4540	4740	4940	5040	5140
	95	1600	1900	2200	2500	2800	3100	3520	3820	4120	4420	4620	4820	4920	5020
	90	1500	1800	2100	2400	2700	3000	3400	3700	4000	4300	4500	4700	4800	4900
良好	85	1400	1650	1900	2150	2450	2750	3150	3450	3750	4050	4250	4450	4550	4650
	80	1300	1500	1700	1900	2200	2500	2900	3200	3500	3800	4000	4200	4300	4400

续表

等级	单项得分	一年级	二年级	三年级	四年级	五年级	六年级	初一	初二	初三	高一	高二	高三	大一大二	大三大四
及格	78	1240	1430	1620	1820	2110	2400	2780	3080	3380	3680	3880	4080	4180	4280
	76	1180	1360	1540	1740	2020	2300	2660	2960	3260	3560	3760	3960	4060	4160
	74	1120	1290	1460	1660	1930	2200	2540	2840	3140	3440	3640	3840	3940	4040
	72	1060	1220	1380	1580	1840	2100	2420	2720	3020	3320	3520	3720	3820	3920
	70	1000	1150	1300	1500	1750	2000	2300	2600	2900	3200	3400	3600	3700	3800
	68	940	1080	1220	1420	1660	1900	2180	2480	2780	3080	3280	3480	3580	3680
	66	880	1010	1140	1340	1570	1800	2060	2360	2660	2960	3160	3360	3460	3560
	64	820	940	1060	1260	1480	1700	1940	2240	2540	2840	3040	3240	3340	3440
	62	760	870	980	1180	1390	1600	1820	2120	2420	2720	2920	3120	3220	3320
	60	700	800	900	1100	1300	1500	1700	2000	2300	2600	2800	3000	3100	3200
不及格	50	660	750	840	1030	1220	1410	1600	1890	2180	2470	2660	2850	2940	3030
	40	620	700	780	960	1140	1320	1500	1780	2060	2340	2520	2700	2780	2860
	30	580	650	720	890	1060	1230	1400	1670	1940	2210	2380	2550	2620	2690
	20	540	600	660	820	980	1140	1300	1560	1820	2080	2240	2400	2460	2520
	10	500	550	600	750	900	1050	1200	1450	1700	1950	2100	2250	2300	2350

女生肺活量单项评分表

（单位：毫升）

等级	单项得分	一年级	二年级	三年级	四年级	五年级	六年级	初一	初二	初三	高一	高二	高三	大一大二	大三大四
优秀	100	1400	1600	1800	2000	2250	2500	2750	2900	3050	3150	3250	3350	3400	3450
	95	1300	1500	1700	1900	2150	2400	2650	2850	3000	3100	3200	3300	3350	3400
	90	1200	1400	1600	1800	2050	2300	2550	2800	2950	3050	3150	3250	3300	3350
良好	85	1100	1300	1500	1700	1950	2200	2450	2650	2800	2900	3000	3100	3150	3200
	80	1000	1200	1400	1600	1850	2100	2350	2500	2650	2750	2850	2950	3000	3050
及格	78	960	1150	1340	1530	1770	2010	2250	2400	2550	2650	2750	2850	2900	2950
	76	920	1100	1280	1460	1690	1920	2150	2300	2450	2550	2650	2750	2800	2850
	74	880	1050	1220	1390	1610	1830	2050	2200	2350	2450	2550	2650	2700	2750
	72	840	1000	1160	1320	1530	1740	1950	2100	2250	2350	2450	2550	2600	2650
	70	800	950	1100	1250	1450	1650	1850	2000	2150	2250	2350	2450	2500	2550
	68	760	900	1040	1180	1370	1560	1750	1900	2050	2150	2250	2350	2400	2450
	66	720	850	980	1110	1290	1470	1650	1800	1950	2050	2150	2250	2300	2350
	64	680	800	920	1040	1210	1380	1550	1700	1850	1950	2050	2150	2200	2250
	62	640	750	860	970	1130	1290	1450	1600	1750	1850	1950	2050	2100	2150
	60	600	700	800	900	1050	1200	1350	1500	1650	1750	1850	1950	2000	2050

续表

等级	单项得分	一年级	二年级	三年级	四年级	五年级	六年级	初一	初二	初三	高一	高二	高三	大一大二	大三大四
不及格	50	580	680	780	880	1020	1170	1310	1460	1610	1710	1810	1910	1960	2010
	40	560	660	760	860	990	1140	1270	1420	1570	1670	1770	1870	1920	1970
	30	540	640	740	840	960	1110	1230	1380	1530	1630	1730	1830	1880	1930
	20	520	620	720	820	930	1080	1190	1340	1490	1590	1690	1790	1840	1890
	10	500	600	700	800	900	1050	1150	1300	1450	1550	1650	1750	1800	1850

男生 50 米跑单项评分表

（单位：秒）

等级	单项得分	一年级	二年级	三年级	四年级	五年级	六年级	初一	初二	初三	高一	高二	高三	大一大二	大三大四
优秀	100	10.2	9.6	9.1	8.7	8.4	8.2	7.8	7.5	7.3	7.1	7.0	6.8	6.7	6.6
	95	10.3	9.7	9.2	8.8	8.5	8.3	7.9	7.6	7.4	7.2	7.1	6.9	6.8	6.7
	90	10.4	9.8	9.3	8.9	8.6	8.4	8.0	7.7	7.5	7.3	7.2	7.0	6.9	6.8
良好	85	10.5	9.9	9.4	9.0	8.7	8.5	8.1	7.8	7.6	7.4	7.3	7.1	7.0	6.9
	80	10.6	10.0	9.5	9.1	8.8	8.6	8.2	7.9	7.7	7.5	7.4	7.2	7.1	7.0

续表

等级	单项得分	一年级	二年级	三年级	四年级	五年级	六年级	初一	初二	初三	高一	高二	高三	大一大二	大三大四
及格	78	10.8	10.2	9.7	9.3	9.0	8.8	8.4	8.1	7.9	7.7	7.6	7.4	7.3	7.2
	76	11.0	10.4	9.9	9.5	9.2	9.0	8.6	8.3	8.1	7.9	7.8	7.6	7.5	7.4
	74	11.2	10.6	10.1	9.7	9.4	9.2	8.8	8.5	8.3	8.1	8.0	7.8	7.7	7.6
	72	11.4	10.8	10.3	9.9	9.6	9.4	9.0	8.7	8.5	8.3	8.2	8.0	7.9	7.8
	70	11.6	11.0	10.5	10.1	9.8	9.6	9.2	8.9	8.7	8.5	8.4	8.2	8.1	8.0
	68	11.8	11.2	10.7	10.3	10.0	9.8	9.4	9.1	8.9	8.7	8.6	8.4	8.3	8.2
	66	12.0	11.4	10.9	10.5	10.2	10.0	9.6	9.3	9.1	8.9	8.8	8.6	8.5	8.4
	64	12.2	11.6	11.1	10.7	10.4	10.2	9.8	9.5	9.3	9.1	9.0	8.8	8.7	8.6
	62	12.4	11.8	11.3	10.9	10.6	10.4	10.0	9.7	9.5	9.3	9.2	9.0	8.9	8.8
	60	12.6	12.0	11.5	11.1	10.8	10.6	10.2	9.9	9.7	9.5	9.4	9.2	9.1	9.0
不及格	50	12.8	12.2	11.7	11.3	11.0	10.8	10.4	10.1	9.9	9.7	9.6	9.4	9.3	9.2
	40	13.0	12.4	11.9	11.5	11.2	11.0	10.6	10.3	10.1	9.9	9.8	9.6	9.5	9.4
	30	13.2	12.6	12.1	11.7	11.4	11.2	10.8	10.5	10.3	10.1	10.0	9.8	9.7	9.6
	20	13.4	12.8	12.3	11.9	11.6	11.4	11.0	10.7	10.5	10.3	10.2	10.0	9.9	9.8
	10	13.6	13.0	12.5	12.1	11.8	11.6	11.2	10.9	10.7	10.5	10.4	10.2	10.1	10.0

女生 50 米跑单项评分表

（单位：秒）

等级	单项得分	一年级	二年级	三年级	四年级	五年级	六年级	初一	初二	初三	高一	高二	高三	大一大二	大三大四
优秀	100	11.0	10.0	9.2	8.7	8.3	8.2	8.1	8.0	7.9	7.8	7.7	7.6	7.5	7.4
	95	11.1	10.1	9.3	8.8	.4	8.3	8.2	8.1	8.0	7.9	7.8	7.7	7.6	7.5
	90	11.2	10.2	9.4	8.9	8.5	8.4	8.3	8.2	8.1	8.0	7.9	7.8	7.7	7.6
良好	85	11.5	10.5	9.7	9.2	8.8	8.7	8.6	8.5	8.4	8.3	8.2	8.1	8.0	7.9
	80	11.8	10.8	10.0	9.5	9.1	9.0	8.9	8.8	8.7	8.6	8.5	8.4	8.3	8.2
及格	78	12.0	11.0	10.2	9.7	9.3	9.2	9.1	9.0	8.9	8.8	8.7	8.6	8.5	8.4
	76	12.2	11.2	10.4	9.9	9.5	9.4	9.3	9.2	9.1	9.0	8.9	8.8	8.7	8.6
	74	12.4	11.4	10.6	10.1	9.7	9.6	9.5	9.4	9.3	9.2	9.1	9.0	8.9	8.8
	72	12.6	11.6	10.8	10.3	9.9	9.8	9.7	9.6	9.5	9.4	9.3	9.2	9.1	9.0
	70	12.8	11.8	11.0	10.5	10.1	10.0	9.9	9.8	9.7	9.6	9.5	9.4	9.3	9.2
	68	13.0	12.0	11.2	10.7	10.3	10.2	10.1	10.0	9.9	9.8	9.7	9.6	9.5	9.4
	66	13.2	12.2	11.4	10.9	10.5	10.4	10.3	10.2	10.1	10.0	9.9	9.8	9.7	9.6
	64	13.4	12.4	11.6	11.1	10.7	10.6	10.5	10.4	10.3	10.2	10.1	10.0	9.9	9.8
	62	13.6	12.6	11.8	11.3	10.9	10.8	10.7	10.6	10.5	10.4	10.3	10.2	10.1	10.0
	60	13.8	12.8	12.0	11.5	11.1	11.0	10.9	10.8	10.7	10.6	10.5	10.4	10.3	10.2

续表

等级	单项得分	一年级	二年级	三年级	四年级	五年级	六年级	初一	初二	初三	高一	高二	高三	大一大二	大三大四
不及格	50	14.0	13.0	12.2	11.7	11.3	11.2	11.1	11.0	10.9	10.8	10.7	10.6	10.5	10.4
	40	14.2	13.2	12.4	11.9	11.5	11.4	11.3	11.2	11.1	11.0	10.9	10.8	10.7	10.6
	30	14.4	13.4	12.6	12.1	11.7	11.6	11.5	11.4	11.3	11.2	11.1	11.0	10.9	10.8
	20	14.6	13.6	12.8	12.3	11.9	11.8	11.7	11.6	11.5	11.4	11.3	11.2	11.1	11.0
	10	14.8	13.8	13.0	12.5	12.1	12.0	11.9	11.8	11.7	11.6	11.5	11.4	11.3	11.2

男生坐位体前屈单项评分表

（单位：厘米）

等级	单项得分	一年级	二年级	三年级	四年级	五年级	六年级	初一	初二	初三	高一	高二	高三	大一大二	大三大四
优秀	100	16.1	16.2	16.3	16.4	16.5	16.6	17.6	19.6	21.6	23.6	24.3	24.6	24.9	25.1
	95	14.6	14.7	14.9	15.0	15.2	15.3	15.9	17.7	19.7	21.5	22.4	22.8	23.1	23.3
	90	13.0	13.2	13.4	13.6	13.8	14.0	14.2	15.8	17.8	19.4	20.5	21.0	21.3	21.5
良好	85	12.0	11.9	11.8	11.7	11.6	11.5	12.3	13.7	15.8	17.2	18.3	19.1	19.5	19.9
	80	11.0	10.6	10.2	9.8	9.4	9.0	10.4	11.6	13.8	15.0	16.1	17.2	17.7	18.2

续表

等级	单项得分	一年级	二年级	三年级	四年级	五年级	六年级	初一	初二	初三	高一	高二	高三	大一大二	大三大四
及格	78	9.9	9.5	9.1	8.6	8.2	7.7	9.1	10.3	12.4	13.6	14.7	15.8	16.3	16.8
	76	8.8	8.4	8.0	7.4	7.0	6.4	7.8	9.0	11.0	12.2	13.3	14.4	14.9	15.4
	74	7.7	7.3	6.9	6.2	5.8	5.1	6.5	7.7	9.6	10.8	11.9	13.0	13.5	14.0
	72	6.6	6.2	5.8	5.0	4.6	3.8	5.2	6.4	8.2	9.4	10.5	11.6	12.1	12.6
	70	5.5	5.1	4.7	3.8	3.4	2.5	3.9	5.1	6.8	8.0	9.1	10.2	10.7	11.2
	68	4.4	4.0	3.6	2.6	2.2	1.2	2.6	3.8	5.4	6.6	7.7	8.8	9.3	9.8
	66	3.3	2.9	2.5	1.4	1.0	-0.1	1.3	2.5	4.0	5.2	6.3	7.4	7.9	8.4
	64	2.2	1.8	1.4	0.2	-0.2	-1.4	0.0	1.2	2.6	3.8	4.9	6.0	6.5	7.0
	62	1.1	0.7	0.3	-1.0	-1.4	-2.7	-1.3	-0.1	1.2	2.4	3.5	4.6	5.1	5.6
	60	0.0	-0.4	-0.8	-2.2	-2.6	-4.0	-2.6	-1.4	-0.2	1.0	2.1	3.2	3.7	4.2
不及格	50	-0.8	-1.2	-1.6	-3.2	-3.6	-5.0	-3.8	-2.6	-1.4	0.0	1.1	2.2	2.7	3.2
	40	-1.6	-2.0	-2.4	-4.2	-4.6	-6.0	-5.0	-3.8	-2.6	-1.0	0.1	1.2	1.7	2.2
	30	-2.4	-2.8	-3.2	-5.2	-5.6	-7.0	-6.2	-5.0	-3.8	-2.0	-0.9	0.2	0.7	1.2
	20	-3.2	-3.6	-4.0	-6.2	-6.6	-8.0	-7.4	-6.2	-5.0	-3.0	-1.9	-0.8	-0.3	0.2
	10	-4.0	-4.4	-4.8	-7.2	-7.6	-9.0	-8.6	-7.4	-6.2	-4.0	-2.9	-1.8	-1.3	-0.8

女生坐位体前屈单项评分表

（单位：厘米）

等级	单项得分	一年级	二年级	三年级	四年级	五年级	六年级	初一	初二	初三	高一	高二	高三	大一大二	大三大四
优秀	100	18.6	18.9	19.2	19.5	19.8	19.9	21.8	22.7	23.5	24.2	24.8	25.3	25.8	26.3
	95	17.3	17.6	17.9	18.1	18.5	18.7	20.1	21.0	21.8	22.5	23.1	23.6	24.0	24.4
	90	16.0	16.3	16.6	16.9	17.2	17.5	18.4	19.3	20.1	20.8	21.4	21.9	22.2	22.4
良好	85	14.7	14.8	14.9	15.0	15.1	15.2	16.7	17.6	18.4	19.1	19.7	20.2	20.6	21.0
	80	13.4	13.3	13.2	13.1	13.0	12.9	15.0	15.9	16.7	17.4	18.0	18.5	19.0	19.5
及格	78	12.3	12.2	12.1	12.0	11.9	11.8	13.7	14.6	15.4	16.1	16.7	17.2	17.7	18.2
	76	11.2	11.1	11.0	10.9	10.8	10.7	12.4	13.3	14.1	14.8	15.4	15.9	16.4	16.9
	74	10.1	10.0	9.9	9.8	9.7	9.6	11.1	12.0	12.8	13.5	14.1	14.6	15.1	15.6
	72	9.0	8.9	8.8	8.7	8.6	8.5	9.8	10.7	11.5	12.2	12.8	13.3	13.8	14.3
	70	7.9	7.8	7.7	7.6	7.5	7.4	8.5	9.4	10.2	10.9	11.5	12.0	12.5	13.0
	68	6.8	6.7	6.6	6.5	6.4	6.3	7.2	8.1	8.9	9.6	10.2	10.7	11.2	11.7
	66	5.7	5.6	5.5	5.4	5.3	5.2	5.9	6.8	7.6	8.3	8.9	9.4	9.9	10.4
	64	4.6	4.5	4.4	4.3	4.2	4.1	4.6	5.5	6.3	7.0	7.6	8.1	8.6	9.1
	62	3.5	3.4	3.3	3.2	3.1	3.0	3.3	4.2	5.0	5.7	6.3	6.8	7.3	7.8
	60	2.4	2.3	2.2	2.1	2.0	1.9	2.0	2.9	3.7	4.4	5.0	5.5	6.0	6.5

续表

等级	单项得分	一年级	二年级	三年级	四年级	五年级	六年级	初一	初二	初三	高一	高二	高三	大一大二	大三大四
不及格	50	1.6	1.5	1.4	1.3	1.2	1.1	1.2	2.1	2.9	3.6	4.2	4.7	5.2	5.7
	40	0.8	0.7	0.6	0.5	0.4	0.3	0.4	1.3	2.1	2.8	3.4	3.9	4.4	4.9
	30	0.0	-0.1	-0.2	-0.3	-0.4	-0.5	-0.4	0.5	1.3	2.0	2.6	3.1	3.6	4.1
	20	-0.8	-0.9	-1.0	-1.1	-1.2	-1.3	-1.2	-0.3	0.5	1.2	1.8	2.3	2.8	3.3
	10	-1.6	-1.7	-1.8	-1.9	-2.0	-2.1	-2.0	-1.1	-0.3	0.4	1.0	1.5	2.0	2.5

男生一分钟跳绳单项评分表

（单位：次）

等级	单项得分	一年级	二年级	三年级	四年级	五年级	六年级
优秀	100	109	117	126	137	148	157
	95	104	112	121	132	143	152
	90	99	107	116	127	138	147
良好	85	93	101	110	121	132	141
	80	87	95	104	115	126	135

续表

等级	单项得分	一年级	二年级	三年级	四年级	五年级	六年级
及格	78	80	88	97	108	119	128
	76	73	81	90	101	112	121
	74	66	74	83	94	105	114
	72	59	67	76	87	98	107
	70	52	60	69	80	91	100
	68	45	53	62	73	84	93
	66	38	46	55	66	77	86
	64	31	39	48	59	70	79
	62	24	32	41	52	63	72
	60	17	25	34	45	56	65
不及格	50	14	22	31	42	53	62
	40	11	19	28	39	50	59
	30	8	16	25	36	47	56
	20	5	13	22	33	44	53
	10	2	10	19	30	41	50

女生一分钟跳绳单项评分表

（单位：次）

等级	单项得分	一年级	二年级	三年级	四年级	五年级	六年级
优秀	100	117	127	139	149	158	166
	95	110	120	132	142	151	159
	90	103	113	125	135	144	152
良好	85	95	105	117	127	136	144
	80	87	97	109	119	128	136
及格	78	80	90	102	112	121	129
	76	73	83	95	105	114	122
	74	66	76	88	98	107	115
	72	59	69	81	91	100	108
	70	52	62	74	84	93	101
	68	45	55	67	77	86	94
	66	38	48	60	70	79	87
	64	31	41	53	63	72	80
	62	24	34	46	56	65	73
	60	17	27	39	49	58	66

续表

等级	单项得分	一年级	二年级	三年级	四年级	五年级	六年级
不及格	50	14	24	36	46	55	63
	40	11	21	33	43	52	60
	30	8	18	30	40	49	57
	20	5	15	27	37	46	54
	10	2	12	24	34	43	51

男生立定跳远单项评分表

（单位：厘米）

等级	单项得分	初一	初二	初三	高一	高二	高三	大一 大二	大三 大四
优秀	100	225	240	250	260	265	270	273	275
	95	218	233	245	255	260	265	268	270
	90	211	226	240	250	255	260	263	265
良好	85	203	218	233	243	248	253	256	258
	80	195	210	225	235	240	245	248	250

续表

等级	单项得分	初一	初二	初三	高一	高二	高三	大一 大二	大三 大四
及格	78	191	206	221	231	236	241	244	246
	76	187	202	217	227	232	237	240	242
	74	183	198	213	223	228	233	236	238
	72	179	194	209	219	224	229	232	234
	70	175	190	205	215	220	225	228	230
	68	171	186	201	211	216	221	224	226
	66	167	182	197	207	212	217	220	222
	64	163	178	193	203	208	213	216	218
	62	159	174	189	199	204	209	212	214
	60	155	170	185	195	200	205	208	210
不及格	50	150	165	180	190	195	200	203	205
	40	145	160	175	185	190	195	198	200
	30	140	155	170	180	185	190	193	195
	20	135	150	165	175	180	185	188	190
	10	130	145	160	170	175	180	183	185

女生立定跳远单项评分表

（单位：厘米）

等级	单项得分	初一	初二	初三	高一	高二	高三	大一 大二	大三 大四
优秀	100	196	200	202	204	205	206	207	208
	95	190	194	196	198	199	200	201	202
	90	184	188	190	192	193	194	195	196
良好	85	177	181	183	185	186	187	188	189
	80	170	174	176	178	179	180	181	182
及格	78	167	171	173	175	176	177	178	179
	76	164	168	170	172	173	174	175	176
	74	161	165	167	169	170	171	172	173
	72	158	162	164	166	167	168	169	170
	70	155	159	161	163	164	165	166	167
	68	152	156	158	160	161	162	163	164
	66	149	153	155	157	158	159	160	161
	64	146	150	152	154	155	156	157	158
	62	143	147	149	151	152	153	154	155
	60	140	144	146	148	149	150	151	152

续表

等级	单项得分	初一	初二	初三	高一	高二	高三	大一 大二	大三 大四
不及格	50	135	139	141	143	144	145	146	147
	40	130	134	136	138	139	140	141	142
	30	125	129	131	133	134	135	136	137
	20	120	124	126	128	129	130	131	132
	10	115	119	121	123	124	125	126	127

男生一分钟仰卧起坐、引体向上单项评分表

（单位：次）

等级	单项得分	三年级	四年级	五年级	六年级	初一	初二	初三	高一	高二	高三	大一 大二	大三 大四
优秀	100	48	49	50	51	13	14	15	16	17	18	19	20
	95	45	46	47	48	12	13	14	15	16	17	18	19
	90	42	43	44	45	11	12	13	14	15	16	17	18
良好	85	39	40	41	42	10	11	12	13	14	15	16	17
	80	36	37	38	39	9	10	11	12	13	14	15	16

续表

等级	单项得分	三年级	四年级	五年级	六年级	初一	初二	初三	高一	高二	高三	大一 大二	大三 大四
及格	78	34	35	36	37								
	76	32	33	34	35	8	9	10	11	12	13	14	15
	74	30	31	32	33								
	72	28	29	30	31	7	8	9	10	11	12	13	14
	70	26	27	28	29								
	68	24	25	26	27	6	7	8	9	10	11	12	13
	66	22	23	24	25								
	64	20	21	22	23	5	6	7	8	9	10	11	12
	62	18	19	20	21								
	60	16	17	18	19	4	5	6	7	8	9	10	11
不及格	50	14	15	16	17	3	4	5	6	7	8	9	10
	40	12	13	14	15	2	3	4	5	6	7	8	9
	30	10	11	12	13	1	2	3	4	5	6	7	8
	20	8	9	10	11		1	2	3	4	5	6	7
	10	6	7	8	9			1	2	3	4	5	6

注：小学三年级－六年级：一分钟仰卧起坐；初中、高中、大学：引体向上。

女生一分钟仰卧起坐单项评分表

（单位：次）

等级	单项得分	三年级	四年级	五年级	六年级	初一	初二	初三	高一	高二	高三	大一大二	大三大四
优秀	100	46	47	48	49	50	51	52	53	54	55	56	57
	95	44	45	46	47	48	49	50	51	52	53	54	55
	90	42	43	44	45	46	47	48	49	50	51	52	53
良好	85	39	40	41	42	43	44	45	46	47	48	49	50
	80	36	37	38	39	40	41	42	43	44	45	46	47
及格	78	34	35	36	37	38	39	40	41	42	43	44	45
	76	32	33	34	35	36	37	38	39	40	41	42	43
	74	30	31	32	33	34	35	36	37	38	39	40	41
	72	28	29	30	31	32	33	34	35	36	37	38	39
	70	26	27	28	29	30	31	32	33	34	35	36	37
	68	24	25	26	27	28	29	30	31	32	33	34	35
	66	22	23	24	25	26	27	28	29	30	31	32	33
	64	20	21	22	23	24	25	26	27	28	29	30	31
	62	18	19	20	21	22	23	24	25	26	27	28	29

续表

等级	单项得分	三年级	四年级	五年级	六年级	初一	初二	初三	高一	高二	高三	大一 大二	大三 大四
及格	60	16	17	18	19	20	21	22	23	24	25	26	27
不及格	50	14	15	16	17	18	19	20	21	22	23	24	25
	40	12	13	14	15	16	17	18	19	20	21	22	23
	30	10	11	12	13	14	15	16	17	18	19	20	21
	20	8	9	10	11	12	13	14	15	16	17	18	19
	10	6	7	8	9	10	11	12	13	14	15	16	17

男生耐力跑单项评分表

（单位：分·秒）

等级	单项得分	五年级	六年级	初一	初二	初三	高一	高二	高三	大一 大二	大三 大四
优秀	100	1′36″	1′30″	3′55″	3′50″	3′40″	3′30″	3′25″	3′20″	3′17″	3′15″
	95	1′39″	1′33″	4′05″	3′55″	3′45″	3′35″	3′30″	3′25″	3′22″	3′20″
	90	1′42″	1′36″	4′15″	4′00″	3′50″	3′40″	3′35″	3′30″	3′27″	3′25″
良好	85	1′45″	1′39″	4′22″	4′07″	3′57″	3′47″	3′42″	3′37″	3′34″	3′32″
	80	1′48″	1′42″	4′30″	4′15″	4′05″	3′55″	3′50″	3′45″	3′42″	3′40″

续表

等级	单项得分	五年级	六年级	初一	初二	初三	高一	高二	高三	大一 大二	大三 大四
及格	78	1′51″	1′45″	4′35″	4′20″	4′10″	4′00″	3′55″	3′50″	3′47″	3′45″
	76	1′54″	1′48″	4′40″	4′25″	4′15″	4′05″	4′00″	3′55″	3′52″	3′50″
	74	1′57″	1′51″	4′45″	4′30″	4′20″	4′10″	4′05″	4′00″	3′57″	3′55″
	72	2′00″	1′54″	4′50″	4′35″	4′25″	4′15″	4′10″	4′05″	4′02″	4′00″
	70	2′03″	1′57″	4′55″	4′40″	4′30″	4′20″	4′15″	4′10″	4′07″	4′05″
	68	2′06″	2′00″	5′00″	4′45″	4′35″	4′25″	4′20″	4′15″	4′12″	4′10″
	66	2′09″	2′03″	5′05″	4′50″	4′40″	4′30″	4′25″	4′20″	4′17″	4′15″
	64	2′12″	2′06″	5′10″	4′55″	4′45″	4′35″	4′30″	4′25″	4′22″	4′20″
	62	2′15″	2′09″	5′15″	5′00″	4′50″	4′40″	4′35″	4′30″	4′27″	4′25″
	60	2′18″	2′12″	5′20″	5′05″	4′55″	4′45″	4′40″	4′35″	4′32″	4′30″
不及格	50	2′22″	2′16″	5′40″	5′25″	5′15″	5′05″	5′00″	4′55″	4′52″	4′50″
	40	2′26″	2′20″	6′00″	5′45″	5′35″	5′25″	5′20″	5′15″	5′12″	5′10″
	30	2′30″	2′24″	6′20″	6′05″	5′55″	5′45″	5′40″	5′35″	5′32″	5′30″
	20	2′34″	2′28″	6′40″	6′25″	6′15″	6′05″	6′00″	5′55″	5′52″	5′50″
	10	2′38″	2′32″	7′00″	6′45″	6′35″	6′25″	6′20″	6′15″	6′12″	6′10″

注：小学五年级－六年级：50 米×8 往返跑；初中、高中、大学：1000 米跑。

女生耐力跑单项评分表

（单位：分·秒）

等级	单项得分	五年级	六年级	初一	初二	初三	高一	高二	高三	大一 大二	大三 大四
优秀	100	1′41″	1′37″	3′35″	3′30″	3′25″	3′24″	3′22″	3′20″	3′18″	3′16″
	95	1′44″	1′40″	3′42″	3′37″	3′32″	3′30″	3′28″	3′26″	3′24″	3′22″
	90	1′47″	1′43″	3′49″	3′44″	3′39″	3′36″	3′34″	3′32″	3′30″	3′28″
良好	85	1′50″	1′46″	3′57″	3′52″	3′47″	3′43″	3′41″	3′39″	3′37″	3′35″
	80	1′53″	1′49″	4′05″	4′00″	3′55″	3′50″	3′48″	3′46″	3′44″	3′42″
及格	78	1′56″	1′52″	4′10″	4′05″	4′00″	3′55″	3′53″	3′51″	3′49″	3′47″
	76	1′59″	1′55″	4′15″	4′10″	4′05″	4′00″	3′58″	3′56″	3′54″	3′52″
	74	2′02″	1′58″	4′20″	4′15″	4′10″	4′05″	4′03″	4′01″	3′59″	3′57″
	72	2′05″	2′01″	4′25″	4′20″	4′15″	4′10″	4′08″	4′06″	4′04″	4′02″
	70	2′08″	2′04″	4′30″	4′25″	4′20″	4′15″	4′13″	4′11″	4′09″	4′07″
	68	2′11″	2′07″	4′35″	4′30″	4′25″	4′20″	4′18″	4′16″	4′14″	4′12″
	66	2′14″	2′10″	4′40″	4′35″	4′30″	4′25″	4′23″	4′21″	4′19″	4′17″
	64	2′17″	2′13″	4′45″	4′40″	4′35″	4′30″	4′28″	4′26″	4′24″	4′22″
	62	2′20″	2′16″	4′50″	4′45″	4′40″	4′35″	4′33″	4′31″	4′29″	4′27″
	60	2′23″	2′19″	4′55″	4′50″	4′45″	4′40″	4′38″	4′36″	4′34″	4′32″

续表

等级	单项得分	五年级	六年级	初一	初二	初三	高一	高二	高三	大一 大二	大三 大四
不及格	50	2′27″	2′23″	5′05″	5′00″	4′55″	4′50″	4′48″	4′46″	4′44″	4′42″
	40	2′31″	2′27″	5′15″	5′10″	5′05″	5′00″	4′58″	4′56″	4′54″	4′52″
	30	2′35″	2′31″	5′25″	5′20″	5′15″	5′10″	5′08″	5′06″	5′04″	5′02″
	20	2′39″	2′35″	5′35″	5′30″	5′25″	5′20″	5′18″	5′16″	5′14″	5′12″
	10	2′43″	2′39″	5′45″	5′40″	5′35″	5′30″	5′28″	5′26″	5′24″	5′22″

注：小学五年级 - 六年级：50 米 ×8 往返跑；初中、高中、大学：800 米跑。

附录二　全国公安民警综合体能练兵测评标准

项目 分组	第 1 组（24 岁以下，公安院校学生）		第 2 组（25－29 岁）		第 3 组（30－34 岁）		第 4 组（35－39 岁）		第 5 组（40－44 岁）		第 6 组（45－49 岁）		第 7 组（50－54 岁）		第 8 组（55－59 岁）	
	女	男	女	男	女	男	女	男	女	男	女	男	女	男	女	男
身体质量指数评定（BMI）	偏瘦 <18.5；正常 18.5－23.9；偏胖 24－27.9；肥胖 ≥28															
50 米跑（≤秒）	9″2	7″8	9″4	8″0	9″6	8″2	9″8	8″4	10″2	8″6	10″6	9″0	—	—	—	—
仰卧起坐（≥个）	35	—	30	—	26	—	24	—	20	—	16	—	14	—	12	—
引体向上（≥个）	—	11	—	7	—	6	—	5	—	—	—	—	—	—	—	—
俯卧撑（≥个）	—	—	—	—	—	—	—	—	—	20	—	19	—	18	—	17
握力（≥公斤）	28	47	28	47	30	48	30	48	28	46	26	46	24	42	20	40
立定跳远（≥米）	1.8	2.30	1.75	2.20	1.70	2.10	1.60	2.00	1.50	1.90	1.40	1.80	—	—	—	—

续表

分组 \ 项目	第 1 组（24 岁以下，公安院校学生）		第 2 组（25 – 29 岁）		第 3 组（30 – 34 岁）		第 4 组（35 – 39 岁）		第 5 组（40 – 44 岁）		第 6 组（45 – 49 岁）		第 7 组（50 – 54 岁）		第 8 组（55 – 59 岁）	
	女	男	女	男	女	男	女	男	女	男	女	男	女	男	女	男
2000 米跑（≤分秒）	11′30″	9′30″	12′00″	9′50″	12′30″	10′20″	13′10″	11′00″	14′00″	11′50″	15′00″	12′50″	17′00″	14′50″	19′00″	16′50″
坐位体前屈（≥厘米）	12.0	10.0	10.0	8.0	8.0	6.0	6.0	4.0	4.0	2.0	2.0	0	1.0	–2.0	0	–4.0
10 米 ×4 往返跑（≤分秒）	12″6	11″6	13″5	12″5	13″8	12″8	14″4	13″4	—	—	—	—	—	—	—	—
200 米游泳（≤分秒）	5′30″	4′30″	5′50″	4′50″	6′00″	5′00″	6′20″	5′20″	6′30″	5′30″	6′50″	5′50″	7′10″	6′10″	7′30″	6′30″

注：

1. 本标准适用于身体健康，无重大疾病、伤残的公安机关人民警察和公安院校学生。

2. 高海拔地区可参照本标准适当调整，反恐、特警等警种民警根据实际工作需要可参照本标准适当提高达标标准，并将相关标准报公安部。

3. 上述各项目测试结果均达标准视为综合体能练兵达标，身体质量指数评定（BMI）不计入测评范围，仅供民警作为自身健康情况参考。

4. 为避免重复测评，2019 年至 2022 年开展全警实战大练兵期间，各地组织开展警衔晋升、职务晋升等体能测试，执行本标准。

5. 公安机关警务辅助人员体能训练可参照本标准执行。

附录三　公安机关人民警察体育锻炼标准评分表

女子青年一组（25 岁以下，含学员组）评分表

项目 / 分值	一		二	三	四
	100 米跑	10 米×4 往返跑	800 米跑	1 分钟仰卧起坐	立定跳远
	（秒）	（秒）	（分′秒）	（次）	（米）
100	15″5	10″2	3′23″	43	2.10
95	15″8	10″5	3′26″	41	2.06
90	16″1	10″8	3′29″	39	2.02
85	16″4	11″1	3′32″	37	1.98
80	16″7	11″4	3′35″	35	1.94
75	17″0	11″7	3′40″	33	1.90
70	17″3	12″0	3′45″	31	1.86
65	17″6	12″3	3′50″	29	1.82
60	17″9	12″6	3′55″	27	1.78
55	18″2	12″9	4′00″	25	1.74
50	18″5	13″2	4′05″	23	1.70
45	18″8	13″5	4′10″	21	1.66
40	19″1	13″8	4′15″	19	1.62
35	19″4	14″1	4′20″	17	1.58

女子青年二组（26 岁至 30 岁）评分表

项目 分值	一		二	三	四
	100 米跑	10 米×4 往返跑	800 米跑	1 分钟 仰卧起坐	立定跳远
	（秒）	（秒）	（分′秒）	（次）	（米）
100	16″1	11″1	3′30″	41	2.06
95	16″4	11″4	3′35″	39	2.02
90	16″7	11″7	3′40″	37	1.98
85	17″0	12″0	3′45″	35	1.94
80	17″3	12″3	3′50″	33	1.90
75	17″6	12″6	3′55″	31	1.86
70	17″9	12″9	4′00″	29	1.82
65	18″2	13″2	4′05″	27	1.78
60	18″5	13″5	4′10″	25	1.74
55	18″8	13″8	4′15″	23	1.70
50	19″1	14″1	4′20″	21	1.66
45	19″4	14″4	4′25″	19	1.62
40	19″7	14″7	4′30″	17	1.58
35	20″0	15″0	4′35″	15	1.54

女子青年三组（31 岁至 35 岁）评分表

项目 分值	一		二	三	四
	100 米跑	10 米×4 往返跑	800 米跑	1 分钟 仰卧起坐	立定跳远
	（秒）	（秒）	（分′秒）	（次）	（米）
100	17″0	11″4	3′40″	41	1.98
95	17″3	11″7	3′45″	39	1.94
90	17″6	12″0	3′50″	37	1.90

续表

项目 / 分值	一		二	三	四
	100 米跑	10 米 ×4 往返跑	800 米跑	1 分钟仰卧起坐	立定跳远
	(秒)	(秒)	(分′秒)	(次)	(米)
85	17″9	12″3	3′55″	35	1.86
80	18″2	12″6	4′00″	33	1.82
75	18″5	12″9	4′05″	31	1.78
70	18″8	13″2	4′10″	29	1.74
65	19″1	13″5	4′15″	27	1.70
60	19″4	13″8	4′20″	25	1.66
55	19″7	14″1	4′25″	23	1.62
50	20″0	14″4	4′30″	21	1.58
45	20″3	14″7	4′35″	19	1.54
40	20″6	15″0	4′40″	17	1.50
35	20″9	15″3	4′45″	15	1.46

女子青年四组（36 岁至 40 岁）评分表

项目 / 分值	一		二	三	四
	100 米跑	10 米 ×4 往返跑	800 米跑	1 分钟仰卧起坐	立定跳远
	(秒)	(秒)	(分′秒)	(次)	(米)
100	17″9	12″0	3′50″	39	1.94
95	18″2	12″3	3′55″	37	1.90
90	18″5	12″6	4′00″	35	1.86
85	18″8	12″9	4′05″	33	1.82
80	19″1	13″2	4′10″	31	1.78
75	19″4	13″5	4′15″	29	1.74

续表

项目 / 分值	一		二	三	四
	100 米跑	10 米×4 往返跑	800 米跑	1 分钟仰卧起坐	立定跳远
	（秒）	（秒）	（分′秒）	（次）	（米）
70	19″7	13″8	4′20″	27	1.70
65	20″0	14″1	4′25″	25	1.66
60	20″3	14″4	4′30″	23	1.62
55	20″6	14″7	4′35″	21	1.58
50	20″9	15″0	4′40″	19	1.54
45	21″2	15″3	4′45″	17	1.50
40	21″5	15″6	4′50″	15	1.46
35	21″8	15″9	4′55″	13	1.42

女子中年一组（41 岁至 45 岁）评分表

项目 / 分值	一		二		三	四
	100 米跑	10 米×4 往返跑	800 米跑	1 分钟跳绳	1 分钟仰卧起坐	立定跳远
	（秒）	（秒）	（分′秒）	（次）	（次）	（米）
100	18″3	12″5	4′05″	138	36	1.86
95	18″6	12″8	4′10″	136	34	1.82
90	18″9	13″1	4′15″	134	32	1.78
85	19″2	13″4	4′20″	132	30	1.74
80	19″5	13″7	4′25″	130	28	1.70
75	19″8	14″0	4′30″	128	26	1.66
70	20″1	14″3	4′35″	126	24	1.62
65	20″4	14″6	4′40″	124	22	1.58
60	20″7	14″9	4′45″	122	20	1.54

续表

项目 分值	一		二		三	四
	100 米跑	10 米×4 往返跑	800 米跑	1 分钟跳绳	1 分钟仰卧起坐	立定跳远
	(秒)	(秒)	(分′秒)	(次)	(次)	(米)
55	21″0	15″2	4′50″	121	18	1.50
50	21″3	15″5	4′55″	120	16	1.46
45	21″6	15″8	5′00″	119	14	1.42
40	21″9	16″1	5′05″	118	12	1.38
35	22″2	16″4	5′10″	117	10	1.34

女子中年二组（46 岁至 50 岁）评分表

项目 分值	一		二		三	四
	100 米跑	10 米×4 往返跑	1500 米健步走	1 分钟跳绳	1 分钟仰卧起坐	立定跳远
	(秒)	(秒)	(分′秒)	(次)	(次)	(米)
100	19″0	12″9	13′40″	133	34	1.82
95	19″3	13″2	13′45″	131	32	1.78
90	19″6	13″5	13′50″	129	30	1.74
85	19″9	13″8	13′55″	127	28	1.70
80	20″2	14″1	14′00″	125	26	1.66
75	20″5	14″4	14′05″	123	24	1.62
70	20″8	14″7	14′10″	121	22	1.58
65	21″1	15″0	14′15″	119	20	1.54
60	21″4	15″3	14′20″	117	18	1.50
55	21″7	15″6	14′25″	116	17	1.46
50	22″0	15″9	14′30″	115	16	1.42
45	22″3	16″2	14′35″	114	15	1.38
40	22″6	16″5	14′40″	113	14	1.34
35	22″9	16″8	14′45″	112	13	1.30

男子青年一组（25 岁以下，含学员组）评分表

项目 分值	一		二		三		四	
	100 米跑	10 米×4 往返跑	1000 米跑	1500 米跑	引体向上	双杠臂屈伸	立定跳远	纵跳
	（秒）	（秒）	（分′秒）	（分′秒）	（次）	（次）	（米）	（米）
100	12″5	9″2	3′26″	5′27″	13	17	2. 69	0. 72
95	12″8	9″5	3′28″	5′31″			2. 65	0. 70
90	13″1	9″8	3′30″	5′34″	12	16	2. 61	0. 68
85	13″4	10″1	3′32″	5′38″			2. 57	0. 66
80	13″7	10″4	3′35″	5′42″	11	15	2. 53	0. 64
75	14″0	10″7	3′40″	5′46″		2. 49	0. 62	
70	14″3	11″0	3′45″	5′51″	10	14	2. 45	0. 60
65	14″6	11″3	3′50″	5′58″		2. 41	0. 58	
60	14″9	11″6	3′55″	6′05″	9	13	2. 37	0. 56
55	15″2	11″9	4′00″	6′12″		2. 33	0. 54	
50	15″5	12″2	4′05″	6′19″	8	12	2. 29	0. 52
45	15″8	12″5	4′10″	6′26″	7	11	2. 25	0. 50
40	16″1	12″8	4′15″	6′33″	6	10	2. 21	0. 48
35	16″4	13″1	4′20″	6′40″	5	9	2. 17	0. 46

男子青年二组（26 岁至 30 岁）评分表

项目 分值	一		二		三		四	
	100 米跑	10 米×4 往返跑	1000 米跑	1500 米跑	引体向上	俯卧撑	立定跳远	纵跳
	（秒）	（秒）	（分′秒）	（分′秒）	（次）	（次）	（米）	（米）
100	13″4	10″1	3′35″	5′37″	12	34	2. 65	0. 70
95	13″7	10″4	3′40″	5′44″		33	2. 61	0. 68
90	14″0	10″7	3′45″	5′51″	11	32	2. 57	0. 66

续表

项目 / 分值	一		二		三		四	
	100 米跑	10 米 ×4 往返跑	1000 米跑	1500 米跑	引体向上	俯卧撑	立定跳远	纵跳
	（秒）	（秒）	（分′秒）	（分′秒）	（次）	（次）	（米）	（米）
85	14″3	11″0	3′50″	5′58″		31	2. 53	0. 64
80	14″6	11″3	3′55″	6′05″	10	30	2. 49	0. 62
75	14″9	11″6	4′00″	6′12″		29	2. 45	0. 60
70	15″2	11″9	4′05″	6′19″	9	28	2. 41	0. 58
65	15″5	12″2	4′10″	6′26″		27	2. 37	0. 56
60	15″8	12″5	4′15″	6′33″	8	26	2. 33	0. 54
55	16″1	12″8	4′20″	6′40″		25	2. 29	0. 52
50	16″4	13″1	4′25″	6′47″	7	24	2. 25	0. 50
45	16″7	13″4	4′30″	6′54″	6	23	2. 21	0. 48
40	17″0	13″7	4′35″	7′01″	5	21	2. 17	0. 46
35	17″3	14″0	4′40″	7′08″	4	19	2. 13	0. 44

男子青年三组（31 岁至 35 岁）评分表

项目 / 分值	一		二		三		四	
	100 米跑	10 米 ×4 往返跑	1000 米跑	1500 米跑	引体向上	俯卧撑	立定跳远	纵跳
	（秒）	（秒）	（分′秒）	（分′秒）	（次）	（次）	（米）	（米）
100	14″0	10″4	3′45″	5′51″	11	32	2. 61	0. 68
95	14″3	10″7	3′50″	5′58″		31	2. 57	0. 66
90	14″6	11″0	3′55″	6′05″	10	30	2. 53	0. 64
85	14″9	11″3	4′00″	6′12″		29	2. 49	0. 62
80	15″2	11″6	4′05″	6′19″	9	28	2. 45	0. 60
75	15″5	11″9	4′10″	6′26″		27	2. 41	0. 58

续表

分值＼项目	一		二		三		四	
	100 米跑	10 米×4 往返跑	1000 米跑	1500 米跑	引体向上	俯卧撑	立定跳远	纵跳
	（秒）	（秒）	（分′秒）	（分′秒）	（次）	（次）	（米）	（米）
70	15″8	12″2	4′15″	6′33″	8	26	2. 37	0. 56
65	16″1	12″5	4′20″	6′40″		25	2. 33	0. 54
60	16″4	12″8	4′25″	6′47″	7	24	2. 29	0. 52
55	16″7	13″1	4′30″	6′54″		23	2. 25	0. 50
50	17″0	13″4	4′35″	7′01″	6	22	2. 21	0. 48
45	17″3	13″7	4′40″	7′08″	5	21	2. 17	0. 46
40	17″6	14″0	4′45″	7′15″	4	19	2. 13	0. 44
35	17″9	14″3	4′50″	7′22″	3	17	2. 09	0. 42

男子青年四组（36 岁至 40 岁）评分表

分值＼项目	一		二		三		四	
	100 米跑	10 米×4 往返跑	1000 米跑	1500 米跑	引体向上	俯卧撑	立定跳远	纵跳
	（秒）	（秒）	（分′秒）	（分′秒）	（次）	（次）	（米）	（米）
100	14″9	11″0	3′55″	6′05″	10	30	2. 57	0. 66
95	15″2	11″3	4′00″	6′12″		29	2. 53	0. 64
90	15″5	11″6	4′05″	6′19″	9	28	2. 49	0. 62
85	15″8	11″9	4′10″	6′26″		27	2. 45	0. 60
80	16″1	12″2	4′15″	6′33″	8	26	2. 41	0. 58
75	16″4	12″5	4′20″	6′40″		25	2. 37	0. 56
70	16″7	12″8	4′25″	6′47″	7	24	2. 33	0. 54
65	17″0	13″1	4′30″	6′54″		23	2. 29	0. 52
60	17″3	13″4	4′35″	7′01″	6	22	2. 25	0. 50

续表

分值＼项目	一		二		三		四	
	100 米跑	10 米×4往返跑	1000 米跑	1500 米跑	引体向上	俯卧撑	立定跳远	纵跳
	(秒)	(秒)	(分′秒)	(分′秒)	(次)	(次)	(米)	(米)
55	17″6	13″7	4′40″	7′08″		21	2.21	0.48
50	17″9	14″0	4′45″	7′15″	5	20	2.17	0.46
45	18″2	14″3	4′50″	7′22″	4	19	2.13	0.44
40	18″5	14″6	4′55″	7′29″	3	17	2.09	0.42
35	18″8	14″9	5′00″	7′36″	2	15	2.05	0.40

男子中年一组（41 岁至 45 岁）评分表

分值＼项目	一		二		三		四
	100 米跑	10 米×4往返跑	1000米跑	1 分钟跳绳	1 分钟仰卧起坐	俯卧撑	立定跳远
	(秒)	(秒)	(分′秒)	(次)	(次)	(次)	(米)
100	15″2	11″3	4′00″	148	40	29	2.53
95	15″5	11″6	4′05″	146	39	28	2.49
90	15″8	11″9	4′10″	144	38	27	2.45
85	16″1	12″2	4′15″	142	37	26	2.41
80	16″4	12″5	4′20″	140	36	25	2.37
75	16″7	12″8	4′25″	138	35	24	2.33
70	17″0	13″1	4′30″	136	34	23	2.29
65	17″3	13″4	4′35″	134	33	22	2.25
60	17″6	13″7	4′40″	132	32	21	2.21
55	17″9	14″0	4′45″	131	31	20	2.17
50	18″2	14″3	4′50″	130	30	19	2.13
45	18″5	14″6	4′55″	129	29	18	2.09
40	18″8	14″9	5′00″	128	28	16	2.05
35	19″1	15″2	5′05″	127	27	14	2.01

男子中年二组（46 岁至 50 岁）评分表

项目／分值	一		二		三		四
	100 米跑	10 米×4 往返跑	1000 米跑	1 分钟跳绳	1 分钟仰卧起坐	俯卧撑	立定跳远
	（秒）	（秒）	（分′秒）	（次）	（次）	（次）	（米）
100	15″5	11″6	4′05″	139	39	28	2.49
95	15″8	11″9	4′10″	138	38	27	2.45
90	16″1	12″2	4′15″	137	37	26	2.41
85	16″4	12″5	4′20″	136	36	25	2.37
80	16″7	12″8	4′25″	135	35	24	2.33
75	17″0	13″1	4′30″	134	34	23	2.29
70	17″3	13″4	4′35″	133	33	22	2.25
65	17″6	13″7	4′40″	132	32	21	2.21
60	17″9	14″0	4′45″	131	31	20	2.17
55	18″2	14″3	4′50″	130	30	19	2.13
50	18″5	14″6	4′55″	129	29	18	2.09
45	18″8	14″9	5′00″	128	28	16	2.05
40	19″1	15″2	5′05″	127	27	14	2.01
35	19″4	15″5	5′10″	126	26	12	1.97

男子中年三组（51 岁至 55 岁）评分表

项目／分值	一		二		三		四
	100 米跑	10 米×4 往返跑	2000 米健步走	1 分钟跳绳	1 分钟仰卧起坐	俯卧撑	立定跳远
	（秒）	（秒）	（分′秒）	（次）	（次）	（次）	（米）
100	15″9	12″2	18′00″	137	38	27	2.45
95	16″2	12″5	18′05″	136	37	26	2.41
90	16″5	12″8	18′10″	135	36	25	2.37

续表

项目 分值	一		二		三		四
	100 米跑	10 米 ×4 往返跑	2000 米健步走	1 分钟跳绳	1 分钟仰卧起坐	俯卧撑	立定跳远
	(秒)	(秒)	(分′秒)	(次)	(次)	(次)	(米)
85	16″8	13″1	18′15″	134	35	24	2. 33
80	17″1	13″4	18′20″	133	34	23	2. 29
75	17″4	13″7	18′25″	132	33	22	2. 25
70	17″7	14″0	18′30″	131	32	21	2. 21
65	18″0	14″3	18′35″	130	31	20	2. 17
60	18″3	14″6	18′40″	129	30	19	2. 13
55	18″6	14″9	18′45″	128	29	18	2. 09
50	18″9	15″2	18′50″	127	28	17	2. 05
45	19″2	15″5	18′55″	126	27	16	2. 01
40	19″5	15″8	19′00″	125	26	15	1. 97
35	19″8	16″1	19′05″	124	25	13	1. 93

附录四　公安机关录用人民警察体能测评项目和标准（暂行）

一、测评项目和标准

（一）男子组

项目	标准	
	30 岁（含）以下	31 岁（含）以上
10 米 ×4 往返跑	≤13″1	≤13″4
1000 米跑	≤4′25″	≤4′35″
纵跳摸高	≥265 厘米	

（二）女子组

项目	标准	
	30 岁（含）以下	31 岁（含）以上
10 米 ×4 往返跑	≤14″1	≤14″4
800 米跑	≤4′20″	≤4′30″
纵跳摸高	≥230 厘米	

二、测评实施规则

（一）10 米 ×4 往返跑

场地器材：10 米长的直线跑道若干，在跑道的两端线（S1 和 S2）外 30 厘米处各画一条线（图 1）。木块（5 厘米 ×10 厘米）每道 3 块，其中 2 块放在 S2 线外的横线上，一块放在 S1 线外的横线上。秒表若干块，使用前应进行校正。

测试方法：受测试者用站立式起跑，听到发令后从 S1 线外起跑，当跑到 S2 线前面，用一只手拿起一木块随即往回跑，跑到 S1 线前时交换木块，再跑到回 S2 交换另一木块，最后持木块冲出 S1 线，记录跑完全程的时间。记录以秒为单位，取一位小数，第二位小数非“0”时则进 1。

注意事项：当受测试者取放木块时，脚不要越过 S1 和 S2 线。

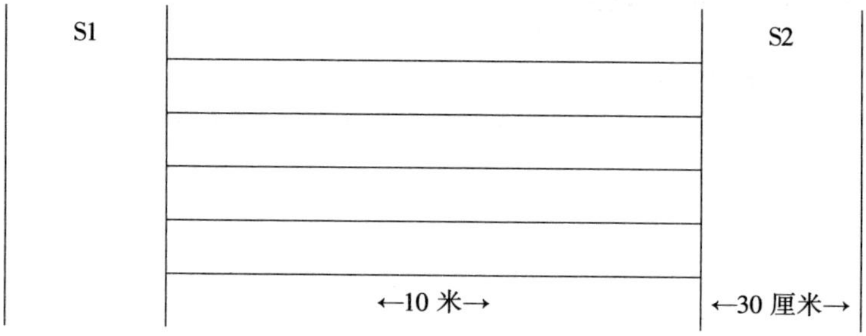

图1　10 米 ×4 往返跑场地图

（二）男子 1000 米跑、女子 800 米跑

场地器材：400 米田径跑道。地面平坦，地质不限。秒表若干块，使用前应进行校正。

测试方法：受测试者分组测，每组不得少于 2 人，用站立式起跑。当听到口令或哨音后开始起跑。当受测试者到达终点时停表，终点记录员负责登记每人的成绩，登记成绩以分、秒为单位，不计小数。

（三）纵跳摸高

场地要求：通常在室内场地测试。如选择室外场地测试，需在天气状况许可的情况下进行，当天平均气温应在 15℃ ~35℃之间，无太阳直射、风力不超过 3 级。

测试方法：准备测试阶段，受测试者双脚自然分开，呈站立姿势。接到指令后，受测试者屈腿半蹲，双臂尽力后摆，然后向前上方快速摆臂，双腿同时发力，尽力垂直向上起跳，同时单手举起触摸固定的高度线或者自动摸高器的测试条，触摸到高度线或者测试条的视为合格。测试不超过三次。

注意事项：

（1）起跳时，受测试者双腿不能移动或有垫步动作；

（2）受测试者指甲不得超过指尖 0.3 厘米；

（3）受测试者徒手触摸，不得戴手套等其他物品；

（4）受测试者统一采用赤脚（可穿袜子）起跳，起跳处铺垫不超过 2 厘米的硬质无弹性垫子。

参考文献

[1] 王健，何玉秀．健康体适能［M］．北京：高等教育出版社，2010.

[2] 卢兆民，王强．警察体能［M］．北京：中国人民大学出版社，2015.

[3] 陈博．警察体能训练与测试评价［M］．北京：中国人民公安大学出版社，2009.

[4] 田麦久，刘大庆．运动训练学［M］．北京：人民体育出版社，2012.

[5] 王玉泉．警察体育总论［M］．北京：中国人民公安大学出版社，1997.

[6] 过家兴．体育训练学［M］．北京：北京体育大学出版社，1992.

[7] 赵军．警察体育技能训练［M］．杭州：杭州出版社，2001.

[8] 过家兴．运动训练学［M］．北京：北京体育学院出版社，1986.

[9] 李树君，刘福林．现代田径运动［M］．大连：大连出版社，1992.

[10] 章钜林．体育词典［M］．上海：上海辞书出版社，1983.

[11] 曹湘君．体育概论［M］．北京：北京体育学院出版社，1985.

[12] 公安部教材编审委员会．警察基本技能及战术［M］．北

京：群众出版社，2000.

［13］解放军体育学院军体理论研究所编译．美国陆军体育训练［M］．北京：军事谊文出版社，2000.

［14］温宇红．跟专家练游泳［M］．北京：北京体育大学出版社，1998.

［15］李心天．医学心理学［M］．北京：人民卫生出版社，1993.

［16］张力为，任未多．体育运动心理学研究进展［M］．北京：高等教育出版社，2000.

［17］毛振明，王长权．学校心理拓展训练［M］．北京：北京体育大学出版社，2005.

［18］张先锋，等．国外体适能研究综述［J］．湖北体育科技，2012，31（1）.

［19］王涛，赵犇．公安实践工作视角下警察体能训练原则新探［J］．湖南警察学院学报，2015（4）.

［20］钟勇．警察体能训练的基本原则与方法［J］．辽宁警专学报，2007（6）.

［21］王强，卢兆民，向朝文．体适能理论指导警察体能教学改革的可行性及对策研究［J］．中国人民公安大学学报（自然科学版），2017，23（1）.